Anna Klein

Wie meine Wunden zu *Wundern* wurden

&

wie du deine eigenen Wunder kreierst

Bibliografische Information der Deutschen Nationalbibliothek:
Die Deutsche Nationalbibliothek verzeichnet diese Publikation
in der Deutschen Nationalbibliografie; detaillierte bibliografische
Daten sind im Internet über http://dnb.dnb.de abrufbar.
© 2021 Anna Klein
www.annas-wunderland.de
Lektorat: Tanja Karmann
Korrektorat: Tanja Karmann
Satz: Tanja Karmann
Umschlaggestaltung: Tanja Karmann
Illustration: Sophie Boner
Herstellung und Verlag: BoD – Books on Demand, Norderstedt
ISBN 9783755783244

Inhalt

Vorwort	9
Zurück zu mir	11
Der wahre Reichtum des Lebens	18
Die innere Kraft	23
Die Macht des Geldes	35
Unsere Berufung(en)	42
Liebe ist Alles – alles ist Liebe	52
Liebst du deine Nächsten?	60
Yin & Yang	65
Was dich antreibt – und was dich aufhält	73
Alles kommuniziert mit dir – höre zu!	75
Karma, Baby!	87
Die Erziehung unserer Kinder	90
Wo Farben und Gefühle verschmelzen	96
Das Glückslevel	103
Ein Augenblick der Geduld	106
Die Eins(amkeit)	111
Kleinigkeiten machen uns groß	116
Einzig-Artig	118
(Hoch-)Sensibelchen	122
Die Anderen	126
(M)ein kleiner Apfelbaum	129
Vertraust du dem Leben?	134
Der Tod	138
Wie Wunden zu Wundern werden	143

Ein schöner Ausblick   148

Danksagung   153

Vorwort

Ich glaube fest daran, dass dieses Buch DICH ausgewählt hat und du bereits in den Startlöchern stehst, ein neues Kapitel in deiner eigenen Geschichte aufzuschlagen.

Dies hier ist meine Geschichte. Während des Schreibprozesses habe ich die Erfahrungen, die ich niedergeschrieben habe, erlebt und meine persönlichen Erkenntnisse daraus gezogen. Die Kapitel sind an unterschiedlichen Tagen entstanden. Es sind Tagebucheinträge aus meinem Leben, die ich nur schreiben konnte, nachdem mich gewisse Themen und Erinnerungen eingeholt hatten. Dieses Buch hat mich auf meiner Reise, das Leben besser zu verstehen, begleitet. Es ist sicherlich kein klassischer „So wirst du glücklich"-Ratgeber. Es ist ein eine ehrliche Reflektion, meine Wahrheit und meine persönliche Sicht auf das Leben. Es wurde nichts dazu erfunden oder verändert, nur damit es sich besser anhört. Dennoch ist es eine Einladung, das Leben aus anderen Blickwinkeln zu betrachten und zu genießen – trotz oder gerade wegen der Schwere mancher Themen.

Es ist mir ein großes Anliegen, dich an die Hand zu nehmen und dir zu zeigen, dass wir uns alle auf derselben Reise befinden. Meine Geschichte ist für all diejenigen, die sich selbst besser verstehen möchten, die mehr von sich und ihrem Leben erwarten und bereit sind, die nötigen Schritte zu gehen. Durch die Hilfe anderer konnte ich meine persönlichen Antworten finden. Dieses Buch soll dich dazu ermutigen, deine persönliche Wahrheit zu finden, und dir den Weg zu der schönsten Reise, auf der wir uns jemals befinden können, ebnen.

Diese Reise ist die Reise zu dir selbst.

Es ist an der Zeit, an sich selbst zu glauben, sich gut genug zu fühlen und es sich wert zu sein, ein erfülltes und glückliches Leben zu führen.

Deine Anna

Zurück zu mir

Am Anfang meiner Reise stand ich mit nicht einmal achtundzwanzig Jahren – zwei verschiedenen Antidepressiva, einer laufenden Therapie, unzähligen Sitzungen bei einer Heilpraktikerin, einem Schmerztherapeuten und einer unglücklichen Beziehung – am Scheideweg meines Lebens.

Da gab es diesen einen Tag.

Den Tag, der alles veränderte.

Es war der 07.12.2018, als ich versuchte, meinen Kummer in Alkohol zu ertränken. Vergeblich. Wer schon einmal versucht hat, etwas auf diese Art und Weise zu verdrängen, weiß, was dann passiert. Die Gefühle verschwinden nicht einfach durch das Zuführen gewisser Substanzen – im Gegenteil. Sie verstärken sich, bis sie irgendwann die Kontrolle über dich, dein Denken und Handeln besitzen. Es war das letzte Mal, dass ich versucht habe, meine inneren Unzulänglichkeiten zu betäuben. Schließlich wurde mir schmerzlich vor Augen geführt, dass mein zum Scheitern verurteilter Versuch es nur schlimmer machte. Ich hatte die Wahl, so wie wir eigentlich immer die Wahl haben. Dessen war ich mir an diesem Punkt meines Lebens allerdings (noch) nicht bewusst, doch ich wusste, dass sich entweder alles verändern musste oder ich Tag für Tag in meiner eigenen, von mir erschaffenen Hölle leiden würde.

Ich entschied mich für Ersteres – für ein besseres Leben, mir zuliebe. Ich wollte endlich diese Leere in mir füllen, lernen, loszulassen, die Vergangenheit dankbar anzunehmen, und in der Gegenwart zu leben. Das war der Plan. Ein ziemlich umfangreicher Plan mit weitreichenden Konsequenzen, wie sich herausstellen würde.

Wir wählen viel zu oft den einfacheren Weg und nicht den Besseren. Noch treffender wäre es zu sagen, dass zu viele Menschen den augenscheinlich bequemeren Weg wählen, in dem sie Konflikte nicht austragen, Dinge vor sich herschieben oder einfach auf andere abladen. Hauptsache, alles ist weit genug weg, in der hintersten Schublade des Erinnerungsvermögens, verborgen in den Tiefen unserer Seele. Die meisten Menschen wissen nicht, dass der Weg, der anfänglich bequemer scheint, sich auf Dauer als das völlige Gegenteil entpuppt. Es ist viel anstrengender und schwieriger, Kompensierungsmechanismen für alles, was wir verdrängen wollen, zu finden, die wiederum nur neue Probleme hervorrufen.

Das ist so ähnlich wie mit meinem oben erwähnten Alkoholspektakel. Beim ersten Glas fühlen wir uns noch gut, die Umstände erscheinen einem leichter, die Welt besser, wir selbst freier. Nach dem fünften Glas stehen wir aber schon wieder vor einem Scherbenhaufen.

Ich war bis zu diesem Tag den bequemen Weg gegangen (auch wenn er mir eher wie ein Kreuzzug vorkam) und viel zu beschäftigt mit allerhand Ängsten, Sorgen, Zweifeln. Dieser Tag war deshalb so einschneidend, weil er mir vor Augen führte, dass ich schuld daran war, dass ich dieses Leben lebte. Ich konnte zum ersten Mal klar erkennen, wie ich mein eigenes Glück sabotierte und erntete, was ich vor lauter Selbstmitleid gesät hatte. An diesem Punkt angekommen zu sein, zeigte mir, dass es schlimmer nicht mehr werden konnte. Dieses Erlebnis ebnete mir den Weg und nahm mir die Furcht davor, in die Tiefen meines Unterbewusstseins abzutauchen, alle Schatten hervorzuholen und mich endlich meinen inneren Dämonen zu stellen. Dämonen, so nannte ich sie schon immer, die Gedanken, die mir tagtäglich versuchten, das Leben zu erschweren.

Als ich mich auf den Weg machte, hatte ich keinen blassen Schimmer davon, was diese Veränderung mit sich bringen würde. Ich habe mich auf die Suche gemacht. Auf die Suche nach Antworten, nach meinem wahren Selbst, meinen Träumen, meiner Vergangenheit, meinem Leben in der Gegenwart und meinen Visionen einer lebenswerten Zukunft.

Nach sieben dunklen Jahren (ich hatte ja keine Ahnung, dass Peter Maffay recht behalten sollte), verursacht durch chronische Schmerzen, begann ich nur einige Wochen vor meinem inneren und äußeren Zusammenbruch eine Therapie, die mir mein Urologe bereits zum wiederholten Male ans Herz legte.

Nur viereinhalb Jahre später (an dieser Stelle dürft ihr ruhig lachen) rappelte ich mich auf, um den Psychologen aufzusuchen, den ich selbst schon einigen Freundinnen empfohlen hatte. Das ist wohl Ironie des Schicksals, dass man die besten Ratschläge erteilt und sie selbst nicht anwenden kann. Kurz am Rande erwähnt, war ich auch schon 2011 bei einer Psychologin. Ich wusste natürlich, über welche Dinge ich damals schon hätte reden sollen. An diesem Punkt in meinem Leben war ich allerdings nicht dazu bereit, die Gedanken, die mich quälten, laut auszusprechen. Ich wollte zu diesem Zeitpunkt nichts ändern, weil ich der felsenfesten Überzeugung war, dass ich überhaupt nichts ändern musste. Ich war das Opfer und alle anderen um mich herum die Täter. Genau diese Einstellung führte dazu, dass ich viele Jahre lang nicht in der Lage dazu war, die Verantwortung für mich und mein Leben zu übernehmen, und mich dadurch permanent abhängig von äußeren Einflüssen machte.

Ich hatte keine Lust mehr, zu schweigen und schmerzvolle Gedanken zu verdrängen. Ich hatte das wahnsinnige Glück, einen Psychologen zu finden, der mich auf meiner Reise unterstützte.

Ich hatte das Gefühl, als habe er mich ausgewählt und als habe ich nur darauf gewartet, endlich loszulegen und mein Leben zu entrümpeln. Bis zu jeder neuen Sitzung vergingen vier Wochen. Vier Wochen voller Höhen und Tiefen, Erkenntnisse, Rückschläge, Mut, neuen und alten Ängsten, Kraft und Zuversicht. Es hatte den Anschein, als würde das Leben mir parallel genau die Aufgaben stellen, die ich brauchte, um zu wachsen – psychisch, nicht physisch, versteht sich.

Mir war sofort klar, dass es kein Zurück mehr gab. Ich war auf dem richtigen Weg, auf dem Weg zu mir.

Auf unserem Weg werden uns immer wieder Lehrer begegnen – Menschen, die uns dabei unterstützen können, die eigenen

Entwicklungsaufgaben zu lösen, aber nicht unseren Anteil übernehmen. Der Mathelehrer kann auch nur vorne an der Tafel stehen und die Rechnung erklären. Lösen muss man die Gleichung
schon selbst.

Ich könnte jetzt davon erzählen, was mir bereits im Leben widerfahren ist, welche schlimmen Erlebnisse meine Gedanken füllten
und somit meine Gegenwart beherrschten. Viel zu oft benutzen
wir unsere Vergangenheit, um unsere Gegenwart zu rechtfertigen. Doch es spielt überhaupt keine Rolle, was es ist. Damit will
ich nicht sagen, dass die Erfahrungen weniger schmerzhaft sind
oder nicht zu dem zählen, was uns ausmacht – sie haben uns
genau zu dem Menschen gemacht, der wir heute sind. Aber sie
dürfen nicht mehr länger unsere Entscheidungen beeinträchtigen.
Sie sind vergangen und nicht mehr zu ändern. Genau das ist der
Grund, warum es sinnlos ist, Dinge zu bereuen oder sich ständig
mit „Was wäre, wenn"-Fragen zu quälen. Das Einzige, was zählt,
sind unsere Taten, die Entscheidungen, die wir immer nur im
Hier und Jetzt treffen können.

Die Verantwortung abzugeben, ist der einfachste Weg und doch
der Schmerzvollste, den man wählen kann, da wir dadurch niemals lernen, Gegebenheiten anzunehmen, zu verzeihen und in
der Gegenwart anzukommen. Viele Menschen denken, dass sie
hart sein müssen, weil die Welt sie dazu gemacht hat, aber die
Wahrheit ist, dass diese Mauer, die sie um sich selbst errichten,
einer Entscheidung bedarf. In jeder Sekunde ist es möglich,
diese Mauer einzureißen und sich wieder für das Leben zu öffnen.

Wir alle befinden uns auf derselben Reise, wir werden verletzt, benutzt, betrogen und belogen. Diese Erfahrungen dienen letzten Endes dazu, den Unterschied kennenzulernen, um sich dann wieder für die Liebe entscheiden zu können. Wie schon der persische Mystiker Rumi sagte, ist deine Aufgabe nicht, nach Liebe zu suchen, sondern nach den Barrieren in dir selbst, die du gegen sie gebaut hast. Somit sind die Erfahrungen, die wir machen, genau jene, die wir benötigen, um zu erkennen, in welchen Lebensbereichen wir uns gegen die Liebe entschieden haben. Wir alle suchen uns unsere Erfahrungen selbst aus, weil sie uns den Spiegel vorhalten. In diesem Spiegel sehen wir die Dinge, die von großer Bedeutung für unseren eigenen Heilungsprozess sind. Wir sehen sie so deutlich, dass wir gar nicht anders können, als uns damit zu befassen. Dies bedeutet im Umkehrschluss, die Verantwortung nicht mehr abgeben zu können und sich seinen Entwicklungsaufgaben zu stellen. Ich habe mich dazu entschieden, nicht mehr mit dem Finger auf andere zu zeigen und Ausreden in dem Leid zu suchen, das mir irgendwer zugefügt hat. Ich nehme das Leben nun mit all seinen Facetten bewusst wahr und übernehme die Verantwortung für

- die Gedanken, die ich mir mache.
- die Worte, die ich ausspreche.
- die Entscheidungen, die ich treffe.

Das Leben, das du jetzt führst, ist selbst verschuldet und du musst so lange mit den Konsequenzen leben, bis du endlich aufhörst, die Verantwortung für dein Leben den anderen zuzuschreiben.

Der wahre Reichtum des Lebens

Ironischerweise lernte ich den wahren Wert des Reichtums in meiner Zeit als Kindermädchen kennen. Ich arbeitete einige Jahre lang für Familien, die zu den reichsten Menschen in Deutschland zählen.

Natürlich hatte ich auch schon vor meiner alles verändernden Nacht 2018 das Bedürfnis verspürt, die Vergangenheit hinter mir zu lassen.

Daher entschied ich mich 2016 dazu, alles loszulassen, zumindest rein äußerlich alle Umstände zu verändern. Im Nachhinein glaube ich, dass ich vor meinem Leben davonrennen und irgendwo neu beginnen wollte. Ich kündigte meinen Festvertrag als stellvertretende Leitung einer Kinderkrippe und verließ meine ländliche Heimat für den Großstadtdschungel.

Du kannst ans Ende der Welt fliehen, aber deine Schatten werden dir überall hin folgen.

Der Neuanfang entpuppte sich als Reinfall. Das bekannte Sprichwort „vom Regen in die Traufe" nahm eine völlig neue Dimension an. Anderthalb Jahre bestand mein Leben nur noch aus Arbeit, Stress und Demütigungen. Auch, wenn ich bereits in den Jahren zuvor sehr viel und sehr hart gearbeitet hatte, hatte ich mir nie vorstellen können, wie man sich selbst zu einem Burnout treiben kann. Bis zu diesem Augenblick. In sogenannten High

Class-Familys arbeiten Nannys vierundzwanzig Stunden am Tag, sieben Tage die Woche. Dies geschieht im sogenannten Rota-System, in dem sich mehrere Nannys abwechseln, z.b. sieben Tage on / sieben Tage off oder vierzehn Tage on / vierzehn Tage off. Dies bedeutete, immer präsent zu sein. Tag und Nacht übernahm ich die Aufgaben einer Mutter. Zu keiner Zeit gab es Pausen oder feste Ruhezeiten. Es gab kein Pardon. Wenn ich von dieser Zeit erzähle, können es die meisten Menschen nicht glauben, aber es gab nun einmal niemanden, der sich um die Arbeitsbedingungen kümmerte, keinen Betriebs- oder Personalrat. Als Nanny zu arbeiten, bedeutete, sich in der freien Wirtschaft zu bewegen.

Das Leben, das ich führte, wenn ich mal nicht arbeitete, bestand darin, vereinsamt in meiner Wohnung zu liegen, um mich herum der Lärm der Stadt und in mir eine erdrückende Stille, die mir das Gefühl gab, versagt zu haben. Dieses Gefühl wurde von Tag zu Tag stärker. Es fiel mir immer schwerer, dagegen anzukämpfen, dass dieses Leben in einer fremden Stadt, nicht so war, wie ich es mir vorgestellt hatte. Ich hatte keine Kraft mehr, aktiv an meinem eigenen Privatleben teilzunehmen oder es nach meinen Wünschen zu gestalten, weil meine Arbeit daraus bestand, das Leben anderer annehmlicher zu machen. Manchmal schaffte ich es an einem Wochenende nach Hause zu fahren, um doch nur weiterhin meine innere Leere mit Alkohol und Partys zu betäuben. Ich habe zu dieser Zeit auch unsagbar viel eingekauft. Ich belohnte mich damit, dass immer einige Pakete auf mich warteten, wenn ich nach einer 24/7-Woche nach Hause kam. In mir herrschte ein permanenter Mangel, den ich versuchte im Außen zu füllen. Am Abend vor einem „Einsatz" und auf dem Weg zur Arbeit hatte ich angsteinflößende Gedanken, etwa, dass ich nicht arbeiten gehen müsste, wenn ich unterwegs einen Autounfall hätte. Ich führte einen ständigen inneren Monolog darüber, endlich die Reißleine zu ziehen und aufzuhören oder weiterzumachen, bis das Leben dies für mich übernahm. Aber mein innerer Drillinstructor hatte die Überhand und trieb mich immer weiter an. Ich wollte nicht zugeben, dass ich mich geirrt hatte. Nach der anfänglichen Skepsis meines Umfeldes waren alle so richtig stolz auf mich. Der Name der Familie, für die ich arbeitete, machte sich doch so gut in meiner Vita und meinem Bekanntenkreis. Ich schämte mich dafür, (wieder einmal) die falsche Entscheidung getroffen zu haben. Wenn ich in dieser Situation gekündigt hätte, wäre das nur ein weiterer Beweis für die gewesen, die mir so oft suggerierten, nicht richtig zu sein, die falschen Dinge zu tun, die falschen Dinge auszusprechen und die falschen Ziele zu verfolgen.

Durch meine Arbeit nahm ich an einem Familienleben teil, das sich gut auf Instagramfotos machte, aber im Inneren spürte ich die Leere wie nie zuvor. Ich aß die gesündesten Lebensmittel. Ich schlief in den teuersten Hotels. Ich führte Gespräche mit Menschen, die ich nur aus dem Fernsehen kannte. Ich flog mit einem Privatjet an die schönsten Orte dieser Welt. Aber noch nie habe ich mich der emotionalen Armut so nah gefühlt wie in diesen Jahren. Ich betreute Kinder, die ohne Bindung und wahrhaftige Liebe aufwuchsen, weil sie dem Lebensstandard ihrer Eltern ausgeliefert waren. Diesen Kindern fehlte es rein materiell gesehen an nichts, im Gegenteil. Zudem wurde alles, was diese Kinder auf emotionaler Ebene gebraucht hätten, mit Geschenken zu kompensieren versucht. Ab einem gewissen Punkt funktionierte die anfängliche Vermeidungsstrategie aber nicht mehr. Unterdrückte Gefühle lösen sich schließlich nicht einfach in Luft auf, sodass sich für die Kinder ein endloser Kreislauf aus Frustration und Wut gegen sich selbst und andere Menschen entwickelte. Zu dieser Maschinerie dazuzugehören, machte mich zutiefst traurig. Indem ich dazu beitrug, dieses Konstrukt aufrecht zu erhalten, verleugnete ich meine eigenen Werte.

Diese Zeit hat mich nachhaltig verändert. Ich sah die Welt auf einmal mit anderen Augen. Oftmals ist es so, dass wir uns erst der Armut stellen müssen, um zu begreifen, wie gut wir es eigentlich haben. Bei mir war es genau umgekehrt. Ich musste die finanzielle Fülle anderer erleben, um zu begreifen, dass seelische Armut niemals mit Geld zu begleichen ist und wahrer Reichtum nicht im Außen zu finden ist, sondern nur in den Beziehungen, die wir zu uns selbst und zu anderen Menschen pflegen. An einem anderen Familienleben teilzunehmen, die Aufgaben einer Mutter zu übernehmen, brachte mich auch meiner eigenen Familie näher. Ich dachte an all die Dinge, die meine Eltern meiner Schwester und mir ermöglicht hatten, wie glücklich ich gewesen war, wenn wir stundenlang auf einer Picknickdecke saßen, herumalberten und uns unsere Brotzeit schmecken ließen. Es sind Erinnerungen wie diese, die durch meine Zeit als Kindermädchen wieder an die Oberfläche meines Bewusstseins traten. Mit diesen Erinnerungen kehrte auch die Dankbarkeit wieder in mein Leben zurück.

Ich öffnete mich wieder für die Schönheit dieses Planeten. Ich erinnere mich an eine Autofahrt mit meiner Mama, auf der ich plötzlich ein Schild am Straßenrand bemerkte. Verdutzt fragte ich sie, ob dieses Schild schon immer dort gewesen ist. Natürlich war es das. Diese Erkenntnis führte mir vor Augen, wie unbewusst ich mein Leben bisher wahrgenommen hatte. Ich empfand so viel Liebe für dieses Leben, meine Familie und Freunde, wie nie zuvor. Ich wusste, dass ich nicht mehr davonlaufen musste. Letztendlich war es notwendig, meine Stelle zu behalten, da ich andernfalls niemals diese einschneidende und gleichzeitig wunderbare Erfahrung gemacht hätte.

Auch den Glauben daran, falsche Entscheidungen treffen zu können, legte ich mit meiner Erfahrung als Nanny ab. Inzwischen weiß ich, dass der Weg, den jeder für sich geht, immer der einzig richtige ist. Alle Entscheidungen, die man im Leben trifft, sind wichtig, um seine ganz individuelle Erfüllung finden zu können. Und dazu ist es auch manchmal notwendig, sich „falsch" zu entscheiden, um die Stimme seines Herzens überhaupt wieder hören zu können.

Die innere Kraft

„Meine innere Kraft ermöglicht mir alles, was ich wissen möchte."

Dieses Zitat stammt von meinem Papa. Ich möchte ihm an dieser Stelle danken, dass er diesen Satz seit meiner Kindheit unzählige Male wiederholt hat. Es gab eine Zeit, da kam meiner Schwester und mir dieser Spruch förmlich aus den Ohren heraus. Ich verstand auch viele Jahre den Sinn dahinter nicht. Es war für mich eine Art „Kalenderspruch", den man zwar liest und halbherzig abnickt, aber dennoch nicht leben kann, weil die tiefsitzende Bedeutung erst mit dem Verständnis darum entsteht. Inzwischen lebe ich danach und möchte diese Weisheit noch ergänzen:

"Meine innere Kraft ermöglicht mir alles, was ich wissen möchte, und erschafft alles, was ich im Außen sehe und fühle."

Erst vor einigen Jahren begriff ich, dass es sich bei diesem Satz nicht etwa um Schulbildung handelte, sondern die eigene persönliche Weisheit meint. Dieser Satz bedeutet, dass die Antworten, die du auf deine Fragen des Lebens suchst, nur in deinem innersten Wesenskern zu finden sind. Ich bin überzeugt, dass diese innere Kraft in jedem Menschen existiert, somit auch in dir. Bei manchen Menschen ist es die tiefe Gewissheit, mit der sie eine Entscheidung treffen. Bei anderen verbirgt sich dieses Wissen vielleicht auch hinter intuitiven Gefühlen oder Gedanken als einer Art Vorahnung. Es gibt Menschen, bei denen jedes Mal ein körperliches Empfinden die Richtung zeigt.

Egal, was es sein mag, es bleibt die eigene innere Kraft. Auch wenn diese Kraft in jedem von uns liegt, erzeugt sie bei jedem Einzelnen etwas anderes. Denn es gibt nicht die ultimative Weisheit. Diese kann jeder nur für sich und in sich finden. Niemand sonst da draußen kann dir sagen, was du fühlen, denken oder glauben sollst. Deine innere Kraft schenkt dir all die Antworten, die du dir sehnlich wünschst. Mit dieser inneren Weisheit bist du in der Lage, dein Leben bewusst zu gestalten und wahrhaft authentisch und erfüllt zu leben.

Und hier kommt das Gesetz der Anziehung ins Spiel. Du kannst es auch „Gesetz der Resonanz" oder „Manifestieren" nennen. Das macht keinen Unterschied. Das Gesetz besagt, dass Gleiches immer Gleiches anzieht. Wie das funktionieren kann, erklärt uns die Physik: All unser materielles Sein entsteht aus Energie. Das bedeutet, dass alles, was du mit deinen Augen sehen, mit deinen Händen fühlen, mit deinen Ohren hören, mit deinem Mund schmecken oder mit deiner Nase riechen kannst, aus einer nicht greifbaren Substanz, den Energieteilchen, entstanden ist. Und Energie ist auf die unterschiedlichste Weise änderbar und zwar durch jeden einzelnen. Dieses Wissen stellt die Welt, wie wir sie kennen, völlig auf den Kopf. Die Fähigkeit, Energie in Materie verwandeln zu können, beherrscht nicht nur jeder einzelne, sondern übt sie auch in jedem Augenblick aus. Deine Energie schwingt automatisch auf einer Frequenz, die du durch deine Gedanken, deine Worte, deine Taten und deine Gewohnheiten beeinflussen kannst. Je nachdem, ob dein Energielevel niedrig oder hoch ist, verändert sich die Energie, die du aussendest. Dabei führen Gefühle wie Missgunst, Eifersucht, Scham und Schuld dazu, dass dein Level sinkt, wohingegen Dankbarkeit, Freude, Liebe, Zufriedenheit und ähnliches zur Erhöhung deiner Frequenz führen. Durch das Gesetz der Anziehung hast du es in der Hand, was sich in deinem Leben gemäß deiner Energie in Materie verwandelt.

Lange bevor ich überhaupt etwas von dieser Gesetzesmäßigkeit wusste, spürte ich bereits, dass der Zufall nicht existierte. Der Zufall ist eine Illusion, da die universellen Gesetze das Leben bestimmen. Sie wirken immer, ob man sich darüber bewusst ist oder nicht. Bevor ich dieses Grundprinzip kennenlernte, habe ich mir nicht einmal die Frage gestellt, was ich eigentlich in meinem Leben erschaffen wollte. Dabei bilden die eigenen Wunschvorstellungen die Grundlage, um das Gesetz für sich nutzen zu können.

Also frage dich: „Was will ich im Außen erschaffen?"

Deine Antworten solltest du klar formulieren, bevor sich diese in deinem Leben manifestieren können.

Als Kind hörte ich bereits ständig von meinen Eltern, ich sei ein „Glückskind". Damals dachte ich noch, dass es wohl einfach diese Unterschiede auf der Welt gäbe und ich einfach das Glück an meiner Seite hätte, dass mich bei jeder Tombola gewinnen ließ. Daraus resultierte besagter Glaubenssatz meiner Eltern, der auch zu meinem wurde. Dieser Satz führte dazu, dass ich keinen Zweifel daran hatte, einfach Glück zu haben, und so gewinne ich bis heute. Das mit dem „Glücks-Spiel" ist wirklich eine tolle Sache, aber ich habe auch Glaubenssätze verinnerlicht, die nicht zu meinem Wohlbefinden beitragen. Mir wurde zum Beispiel sehr früh anerzogen, dass man hart arbeiten muss, um in dieser Gesellschaft ein wertvoller Mensch zu sein. Dies führte dazu, dass ich permanent über meine persönlichen Grenzen hinausging. Sich seiner Glaubenssätze bewusst zu werden, bedeutet nicht, dass man andere Menschen verurteilt oder dafür verantwortlich machen muss. Es dient lediglich dem eigenen Verständnis und somit der Lösung für deine Probleme. Durch all die Einflüsse, denen du ausgesetzt warst, hat sich dein Selbst definiert, und genau durch dieses innere Bild, welches bereits seit der Kindheit geformt wird, entwickeln sich die Glaubenssätze, die du ab einem gewissen Zeitpunkt so tief in dir trägst, dass du sie nicht einmal mehr bemerkst.

Dieses Selbstbild hat einen enormen Einfluss auf das Gesetz der Anziehung. Ich selbst bin in meinem Leben viel zu oft nur meinen angstbesetzten Gedanken gefolgt und bekam die Quittungen dieser Entscheidungen täglich zu spüren. Auch im Nachhinein betrachtet würde ich nichts anders machen, da ich diese Erfahrungen gebraucht habe, um an diesem Punkt in meinem Leben anzukommen. Und damit meine ich auch nicht, dass es mit dem Wissen um all das ein Ende hat. Es ist nicht so, dass man plötzlich alles versteht und – zack! bumm! – hat man den Dreh raus und alles läuft nur noch, wie man es sich wünscht. Etwas zu wissen, heißt nicht, es auch zu verstehen. Es verstanden zu haben, bedeutet nicht, es auch umsetzen zu können. Es ist ein langer und steiniger Weg, jahrzehntelange Denk- und Verhaltensmuster umzukehren. Man muss immer wieder daran erinnert werden oder sich selbst daran erinnern, das gelernte Wissen anzuwenden und umzusetzen.

Der gegenwärtiger Zustand ist nicht das Ziel. Das Ziel ist es, in Bewegung zu bleiben, sich weiterzuentwickeln. Und egal, ob du es glaubst oder nicht – es geht uns allen so. Es gibt keinen Unterschied zwischen dir und mir oder sonst irgendjemanden da draußen. Du kannst in jedem Augenblick aufs Neue entscheiden, ob du bereit bist, etwas dazu zu lernen oder ob du weiterhin die meisten deiner Erfahrungen als unliebsam und unfair abtun möchtest, um dann genauso weiterzumachen wie bisher. Das Leben gibt dir, was du brauchst, solange, bis du deine individuelle Lernaufgabe gemeistert hast. Wenn du dich also fragst, warum du immer wieder die falschen Menschen in dein Leben ziehst, musst du deinen Blickwinkel ändern. Welche Gedanken herrschen in deinem Kopf? Welches Bild hast du von den anderen? Und noch viel wichtiger: Welches Bild hast du von dir selbst? Wenn du den tiefen Glauben daran besitzt, dass alle Menschen schlecht sind oder du nicht liebenswert bist, dann wirst du so lange in deinen Gedanken bestätigt, bis du die Wurzel des Übels erkennst.

Die Wurzeln sind deine Glaubenssätze, deine Muster, deine inneren Überzeugungen.

Hast du dich schon einmal gefragt, warum reiche Menschen immer reicher werden? Das liegt daran, dass ihre finanzielle Situation bereits so fest in ihrem ganzen Sein verankert ist, dass das Universum gar nicht anders kann, als mehr von dem zu bringen, was schon da ist: Denn Gleiches zieht Gleiches an.

Ein gutes Beispiel, um dies zu verdeutlichen, sind Beziehungen. Jeder kennt Menschen, die niemals allein sind und von einer Beziehung in die nächste rutschen. Jahrelang habe ich mich gefragt, was mit diesen Menschen nicht stimmt, ob sie nicht allein sein können – und warum ich selbst Dauer-Single war. Doch warum habe ich überhaupt geglaubt, dass etwas mit ihnen nicht stimmt? Die Antwort lautet: Ich war neidisch, weil diese Möglichkeit, in einer glücklichen und langfristigen Beziehung zu sein, überhaupt nicht im Bereich meiner Vorstellung lag. Diese Menschen jedoch sind in ihrer ganzen Haltung auf eine Beziehung eingestellt und darauf fokussiert, eine Beziehung zu führen. Automatisch ziehen sie Menschen an, die ebenfalls auf der Suche sind.

Bei Singles ist es genau andersherum. Sie sind oftmals verzweifelt auf der Suche nach dem richtigen Partner und merken nicht, dass sie aus einem Bedürfnis heraus agieren. Ein Bedürfnis entsteht immer dann, wenn die eigenen Wünsche und Erwartungen nicht erfüllt werden. Dadurch ergibt sich ein Mangel in dir, der den Mangel im Außen noch weiter verstärkt. Das bedeutet also, dass die innere Überzeugung, mit dem Verhalten, der Gestik und Mimik untermauert wird. Somit bringt das Leben, was bereits da ist. Nämlich nicht den Traumprinzen oder die Prinzessin, sondern höchstens die Person für eine Nacht. Dieser Umstand wird erneut die vorherrschenden Glaubenssätze bestärken und somit immer wieder Gleiches erschaffen, bis dieser Kreislauf bewusst durchbrochen wird.

Ich glaube, dass es vielen Menschen Angst macht, wenn sie erkennen, dass das Gesetz der Anziehung funktioniert und wie viel Macht sie damit besitzen, ihr Leben zu verändern. Und ja, es hat mir auch einen Heidenschrecken eingejagt, als ich endlich verstanden habe, dass ich durch meine Gedanken, Worte und Taten mein ganzes Leben beeinflussen kann. Zeitweise wollte ich sogar zurück zu dem Punkt, an dem ich von all dem noch keinen blassen Schimmer hatte. Aber man kann nicht zurück, weder in die Vergangenheit noch an den Punkt der Unwissenheit. Man kann nicht mehr die Schuld von sich weisen und andere für das eigene Glück oder Unglück verantwortlich machen. Das Leben funktioniert wie ein Boomerang – es liegt bei einem selbst, ob man bereit ist, diesen zu ergreifen, wenn er zu einem zurückkommt, oder ihm auszuweichen. Im Umkehrschluss bedeutet das, erst einmal jede Wirkung, die durch diese Gesetzesmäßigkeit entsteht, auszuhalten und dann genau hinzusehen. Du hast finanzielle Sorgen und lebst im Mangel? Du quälst dich jeden Tag zu einer Arbeit, die dir keine Freude bereitet? Du bist ständig krank und hast keine Kraft mehr, dein Leben aktiv zu gestalten? Wenn du das Gesetz der Anziehung anwenden möchtest, sind dies genau jene blinden Flecken in deinem Leben, denen du mehr Beachtung schenken solltest. Die Veränderung, die du dir für einen bestimmten Bereich deines Lebens wünschst, bist du selbst.

Um die Muster zu durchbrechen, die dich daran hindern, zu werden, wer du sein willst, beginnst du am besten damit deinen Gedanken zu lauschen. Du wirst vielleicht schockiert sein, vermutlich war dir bis dato gar nicht bewusst, was du den ganzen Tag denkst. Es ist auch nicht so, dass ein guter Gedanke ausreicht und du mit allen anderen Gedanken auf dem niedrigen Energielevel weitermachen kannst. Andersherum bringt ein schlechter Gedanke noch keine Krise. Die Macht liegt auch nicht ausschließlich in den Gedanken, sondern mehr noch in den Gefühlen, die damit einhergehen. Je öfter du allerdings negative Gedanken hegst, desto schneller entwickelst du Gefühle, die den Gedanken zugehörig sind. Diese negativen Empfindungen beeinflussen deine Grundeinstellung. Aus deiner Grundeinstellung entstehen dann die äußeren Umstände, die du dein Leben nennst.

Nachdem ich das Gesetz der Anziehung wirklich verstanden hatte, dachte ich als Erstes daran, wie viele Baustellen ich in meinem Leben bearbeiten müsste. Ich wusste nicht, wo ich anfangen sollte. Aber man muss gar nicht alles auf einmal schaffen, im Gegenteil. Ich möchte dich dazu ermutigen, den ersten Schritt zu machen und dich dann immer weiter voranzuarbeiten. Such dir ein Thema aus, das dich nicht allzu stark belastet. Ich habe den Fehler gemacht, mich dem zu widmen, was mich am meisten forderte und lahmlegte. Meine chronischen Schmerzen waren damals ständig präsent in mir. Ich verbrachte manchmal Tage damit, mich auf den Schmerz zu fokussieren, weil ich dachte, dass darin die Lösung liegt. Aber permanent die Aufmerksamkeit auf den Schmerz zu richten, führte nur dazu, dass er sich weiter ausbreitete. Das ganze Thema war so negativ behaftet, dass ich es mit dieser Ausgangsposition niemals in den Griff bekommen konnte. Wenn du dich auf ein Thema fokussiert, welches weniger vorbelastet ist, schenkst du automatisch den anderen Bereichen weniger Beachtung. Keine Aufmerksamkeit ist besser als negative Aufmerksamkeit. Dies steht im Gegensatz zu dem, was Kinder und wohl auch noch viele Erwachsene glauben. Auch bei dieser Annahme bestätigt sich erneut das Gesetz der Anziehung. Der innere Glaubenssatz, nicht „gut genug" zu sein, führt zu der ununterbrochenen Suche nach Aufmerksamkeit. Der eigentliche Wunsch, der sich dahinter verbirgt, ist, geliebt und wertgeschätzt zu werden. Dieses permanente Verlangen nach Aufmerksamkeit wird andere Menschen dazu bewegen, sich von der Person abzuwenden. Durch diese Ablehnung wird der Glauben, das Verhalten und somit erneut die Außenwirkung verstärkt. Die Leere, die man in sich spürt, kann nicht von anderen Personen aufgelöst werden.

Daher möchte ich diesen Satz noch einmal wiederholen: Keine Aufmerksamkeit ist besser als negative Aufmerksamkeit!

Ich weiß, dass es ziemlich viel verlangt ist, von jetzt auf gleich tiefsitzende Muster umzukehren. Gewisse Themen erst einmal zu neutralisieren und diesen nicht mehr so viel Beachtung in deinem Leben zu schenken, ist der Anfang. Wenn du merkst, dass dich ein Thema emotional nicht mehr allzu stark belastet, kannst du damit beginnen, neutrale Gedanken in positive Gedanken umzukehren.

Schritt für Schritt. Der Weg ist das Ziel.

Dabei ist es wichtig, deine neuen Überzeugungen und Glaubenssätze mit Bedacht zu formulieren, sodass es keine Missverständnisse gibt. Ich habe in meiner Schulzeit schon gelernt, dass man besser sagt, etwas sei „gut gelaufen" statt „nicht schlecht". Ich hatte den Sinn dieser positiven Formulierung zwar schon damals verstanden, allerdings keine Vorstellung davon, wie sich dieses Prinzip auf das gesamte Leben auswirkt. Zu sagen, dass etwas nicht schlecht war, beinhaltet die Worte „nicht" und „schlecht", womit das Gesagte seine Negativität behält.

Meine chronischen Schmerzen habe ich genauso bearbeitet: Ich äußerte den Wunsch nach meinem körperlichen Befinden so, als sei er bereits eingetreten. Nach sieben Jahren Dauerschmerzen brauchte ich einige Wochen und Monate, ach was, Jahre!, um dies zu verinnerlichen. Neben den positiven Gedanken und

Gefühlen, die meinen Wunsch, schmerzfrei zu sein, stärkten, kam noch ein weiterer, entscheidender Faktor zum Einsatz.

Die Gedanken sind der Ausdruck der Psyche. Die Gefühle sind die Sprache des Körpers.

Diese beiden Komponenten bilden zwar die notwendige Ausgangsposition, aber sind nicht allein für das Endresultat verantwortlich. Um die für dich besten Ergebnisse zu erzielen, solltest du auch dein Verhalten überdenken. Bringt dich das, was du tust, deinem Wunsch näher? Wie beurteilst du Menschen, die das Leben führen, das du dir wünschst? Wie sprichst du über die Dinge, die du gerne erhalten möchtest?

Du kannst z.B. den Gedanken hegen, schlank zu sein, aber wenn du mit deinen Taten diese Gedanken nicht untermauerst und trotzdem viel mehr Kalorien zu dir nimmst, als du verbrauchst, ist der Gedanke sinnlos. Umgekehrt ist es genauso: Wenn du glaubst, dick zu sein, aber nur 500 Kalorien am Tag isst, dann wirst du untergewichtig sein. Krankheiten bitte außen vorlassen! Deine Gedanken entscheiden, wen du da im Spiegel siehst, aber nicht, wen die anderen von außen sehen können.

Wenn du denkst, zu wenig Geld zu haben, du ständig mit deinen Ausgaben geizt und zähneknirschend deine Rechnungen bezahlst, obwohl du andauernd Überstunden machst und einen gut bezahlten Job hast, dann ist *deine* Realität das, was du glaubst, aber er ist nicht dein wahrhaftiger Zustand. Keine Gehaltserhöhung dieser Welt würde dich dazu bringen, deine limitierende

Grundeinstellung hinter dir zu lassen. Aber schaffst du es, die Sicht auf deine Finanzen zu verändern, wirst du plötzlich all die Einnahmen statt Ausgaben sehen, die sich dadurch weiterhin vermehren werden. Denn nichts, was von außen auf dich zukommt, macht dich zufrieden. Deine Bewertung tut es. So kann dir ein Wunder begegnen, das du aufgrund deiner Denkweise aber nicht als solches wahr- und annehmen kannst. Egal, wie du es drehst und wendest, es bleibt das gleiche Prinzip. Wenn du es aber schaffst, so oft wie möglich, deine Gedanken, deine Gefühle und dein Verhalten auf eine Ebene zu bringen, und zwar der gewünschten Vorstellung entsprechend, dann kannst du zweifelsohne absolute Zufriedenheit erreichen.

Damit das Gesetz der Anziehung wirklich in seiner unendlichen Fülle in Kraft treten kann, ist es notwendig, deine Wünsche loszulassen. Du kann es dir vorstellen, als würdest du die Kerzen auf deiner Geburtstagstorte auspusten. Alles läuft in wenigen Sekunden ab: Du schließt die Augen, denkst an deinen Wunsch und nach dem Auspusten der Kerzen macht sich dieser auf den Weg. Von da an solltest du die tiefe Gewissheit in dir tragen, dass sich dein Wunsch erfüllen wird. Das heißt, dass du dir keine Gedanken über das wie, wann oder wo machen musst. Das überlässt du dem Gesetz der Anziehung. Vergiss bitte niemals mehr, dass auch du diese Superkraft besitzt!

Die Macht des Geldes

Während ich diese Zeilen schreibe, arbeite ich gerade an meiner Beziehung zu Geld. Ja, du hast richtig gelesen. Denn ich bin der felsenfesten Überzeugung, dass man zu Geld unbedingt eine positive Beziehung aufbauen sollte. Ich hatte zwar nie richtige Geldsorgen, allerdings reichte es schon immer nur gerade so. Meine Eltern mussten mir immer wieder aushelfen und auch der zweite und dritte Nebenjob brachten nicht die erhoffte Fülle. Seit ich mich erinnern kann, war ich der Überzeugung, nicht gut mit Geld umgehen zu können, ganz im Gegensatz zu meiner älteren Schwester. Und was soll ich sagen? Ich konnte nie gut mit Geld umgehen. Ich hatte nie genug gespart und oftmals zu viel Wert (auch im Sinne der Ausgaben) auf das äußere Erscheinungsbild gelegt.

Nun möchte ich dich aber an dieser einen Geschichte teilhaben lassen, die der Ursprung dessen war, was ich nun zu glauben bereit bin.

Nachdem ich mir Anfang des Jahres 2019 eine Eigentumswohnung gekauft hatte, wurde ich arbeitslos. Wie das Schicksal so spielte, wurden meine Dienste als Kindermädchen zu diesem Zeitpunkt nicht mehr benötigt. Obwohl ich schon einige Zeit ein Gefühl in mir spürte, mich lediglich in einem Übergang zu einer anderen Berufung zu befinden, hatte ich keinen Plan B in der Tasche. Mir eine neue Stelle als Kindermädchen zu suchen, fühlte sich zwar sicher an, aber nicht mehr richtig. Manchmal zwingen einen die Umstände dazu, den nächsten Schritt zu gehen, ob man will oder nicht. Zu meinem eigenen Erstaunen bin ich dabei völlig entspannt geblieben. Vor einigen Jahren wäre das kaum denkbar gewesen. Ich wäre wahrscheinlich aus Verzweiflung im Dreieck gesprungen. Da ich zu dieser Zeit aber schon das Gesetz der Anziehung kannte, konnte ich dieses jetzt gezielt anwenden. Ich war großzügig mit meinen Ausgaben, weil ich in diesem Augenblick spürte, dass ich genug hatte und mich nicht darum sorgen musste. Ich erinnere mich noch ganz genau an den Tag, an dem ich den Küchenmonteuren überdurchschnittlich viel Trinkgeld gab und es mir eine unglaubliche Freude bereitete. Bei der Suche nach einer neuen Arbeitsstelle hatte ich ein ganz klares Ziel vor Augen und vertraute auf ein Anzeigenportal, wodurch ich 2018 bereits den Ausweg aus der Nanny-Hölle schaffte. Nach wenigen Wochen tauchte schon die passende Anzeige auf. Als ich mit meiner zukünftigen Chefin telefonierte, hatte ich Tränen in den Augen. Das war mein Zeichen. Am Morgen danach rief sie wieder an und teilte mir mit, dass sie mir zweihundert Euro netto zusätzlich zu dem Gehalt, was wir bereits vereinbart hatten, zahlen würde. In diesem Moment wusste ich: Das Gesetz funktioniert.

Ich startete so zuversichtlich, doch es dauerte nicht allzu lange, bis es zu einem Rückschlag kam. Ich kann mich nicht genau an den Zeitpunkt erinnern, an dem meine Gedanken umschwenkten und ich plötzlich wieder in meiner alten Gedankenspirale gefangen war. Genau das war das Problem: Ich hatte den Moment verpasst. Ich hatte nicht bemerkt, wie meine Gedanken sich verselbstständigten. Es begann damit, dass ich die Raten für den Kauf meiner Eigentumswohnung zahlen musste und mein Arbeitslosengeld nicht ausreichte, um die monatlichen Ausgaben zu decken. Zudem hatte ich schon mit einem beklemmendem Gefühl Geld an jemandem verliehen, obwohl ich gerade selbst nicht genug hatte. Damit war ich wieder mitten in der Misere. Ich wachte nachts auf und dachte daran, dass ich meine Rechnungen nicht bezahlen konnte. In dieser Zeit landeten so viele in meinem Briefkasten, dass einige davon Monate lang auf meinem Esstisch darauf warteten, bezahlt zu werden.

Ein Fun-Fact am Rande: Ich habe sogar von einem Inkasso-Unternehmen Post bekommen, das den Namen „Universum" trug. Das war zu viel für mich. Als ich an diesem Tag den Briefkasten öffnete und durch dieses kleine Fensterchen auf dem Umschlag den Briefkopf las, fühlte ich mich vom Leben geohrfeigt.

Da ich aber wusste, dass es sich nur um einen begrenzten Zeitraum handelte, in dem ich nicht genügend Geld hatte, fiel es mir leichter, meine Gedanken erneut zu verändern. Ich fing mit einem ersten guten Gedanken an und arbeitete mich langsam voran. In einer Meditation übte ich mich darin, Dankbarkeit für meine finanzielle Fülle zu empfinden. Dabei verspürte ich bereits wahrhaftige Glücksgefühle, sodass die Freudentränen nur so über mein Gesicht strömten. Das mag jetzt ziemlich verrückt klingen, oder? Aber ich will ganz ehrlich zu dir sein – was hat man schon zu verlieren? Man kann nur gewinnen, wenn man versucht, seine Probleme anders als gewohnt zu lösen, vor allem dann, wenn die vorherige Taktik nicht zielführend war. Für mich bedeutete dies, meinen Fokus nicht länger auf das zu richten, was mir finanziell gesehen fehlte, sondern mich in die Gefühle hineinzuversetzen, die ich spüren wollte. Dazu eignen sich Meditationen wunderbar.

Diese Momente, in denen ich in einem absolut meditativen Zustand bin und mich die Gefühle von unendlicher Fülle, Zufriedenheit und Dankbarkeit durchströmen, kann ich nicht sehr oft erreichen. Auch dazu benötigt es Ausdauer. Da der Mensch von Natur aus lieber in seiner Komfortzone bleibt, habe auch ich mich viel zu oft dazu entschieden, stundenlang vor der Flimmerkiste zu hängen, anstatt fünfzehn Minuten meiner Zeit in eine Meditation zu investieren.

An diesem besagten Tag aber ereignete sich dann folgendes: Als ich das Klingeln meiner Haustür hörte, kam mir plötzlich der Gedanke, dass da jemand stehen musste, der mir Geld geben möchte. Ich kann nicht sagen, woher dieser Gedanke kam, aber ich war mir in diesem Moment einfach sicher. Ich öffnete also die Tür und sah meinen Nachbarn, der mir für eine unbrauchbare Fläche meines Grundstückes eine stolze Summe anbot. *Na, das hat mal wunderbar funktioniert*, dachte ich zu dieser Zeit fast schon etwas größenwahnsinnig.

Davor möchte ich dich auf jeden Fall warnen. Es ist nicht so, als könnte man den Zauberstab schwingen und alles erfüllt sich nach deinem Gusto. Und das hat auch einen sehr wichtigen Hintergrund: Auf dieser Erde und in diesem Leben haben wir die Aufgabe, uns weiterzuentwickeln und zu dieser Entwicklung gehören immer beide Seiten der Medaille, weswegen ich dir auch eine gegensätzliche Erfahrung beschreiben möchte. 2019 hatte ich gerade das Manuskript meines ersten Kinderbuches fertig gestellt und war der felsenfesten Überzeugung, einen Publikumsverlag dafür begeistern zu können ... Zwei Jahre später kann ich sagen – weit gefehlt.

Ich habe mich erneut in eine Meditation begeben und währenddessen die Zusage meines Wunschverlages manifestiert. Die Freudentränen strömten währenddessen nur so über meine Wangen und ich war mir völlig sicher, dass es so kommen würde. Als ich die Augen öffnete, blickte ich auf mein Handy. Während meiner 30-minütigen Meditation hatte ich tatsächlich eine E-Mail von meinen Wunschverlag bekommen. Allein diese Tatsache ist erstaunlich, oder? Schließlich wartete ich damals schon seit Monaten auf eine Rückmeldung. Beim Anklicken kam dann die Ernüchterung: Eine Absage.

Wie hatte das nur passieren können?

Nun, eine einzelne Meditation reicht nicht aus, wenn man ansonsten alles bereits für den Fall der Fälle vorbereitet hat. Ich war schon so darauf eingestellt, bei einer Absage die Veröffentlichung selbst in die Hand zu nehmen, dass ich mich nicht so sehr auf die einzelnen Schritte fokussiert hatte, sondern ausschließlich auf das Ziel, mein eigenes Buch in den Händen zu halten.

Zudem dient das Leben nicht nur dazu, die eigenen Wünsche zu erfüllen, sondern auch dazu, das zu bringen, was nötig ist. Das Leben weiß immer, was das Beste für einen ist, und somit dienen auch die Rückschläge dem höchsten Ziel der eigenen

Entwicklung. Die Veröffentlichung meines Buches selbst in die Hand zu nehmen, hat mich so viel über mich und meine Fähigkeiten und die, die ich noch mehr ausbauen darf, gelehrt, dass ich sie nicht mehr missen möchte.

Abschließend möchte ich festhalten, dass das Leben kein Wunschkonzert ist, und glücklicherweise nicht alles, was wir glauben, in unserem Leben Gestalt annimmt. Das Problem, wenn wir immerzu in Sorge leben, ist nicht, dass sich all die Horrorszenarien bewahrheiten. Das müssen sie auch gar nicht. Allein unsere angstbesetzten Gedanken bescheren uns ein Leben, das uns nicht glücklich macht. Und wir alle dürfen und können glücklich sein, selbst dann, wenn nicht alles nach unseren Vorstellungen verläuft.

Leben bedeutet Hingabe.

Hingabe bedeutet,

den festen Glauben zu besitzen,

dass das Leben immer für dich ist,

auch wenn dir dies

im ersten Augenblick

nicht so erscheinen mag.

Unsere Berufung(en)

Meine eigene Berufswahl war eher ein Zufall. Ich hätte mir vorstellen können, so ziemlich alles zu werden. Wäre es nach meiner Mutter gegangen, hätte ich irgendetwas handwerkliches gemacht, weil sie mich in diesem Bereich für sehr begabt hielt. Ihr zuliebe machte ich ein Praktikum in einem Unternehmen für Schweißtechnik, in dem ich mich zwar geschickt anstellte, aber keinerlei Freude empfand. Ich hatte zwar mit gerade einmal fünfzehn Jahren keinen blassen Schimmer, was ich eigentlich vom Leben wollte, aber dafür wusste ich schon immer sehr genau, was es NICHT war. Ich dachte darüber nach, Köchin zu werden oder Pferdewirtin. Auch bei einem Autohersteller zu arbeiten, stand zur Auswahl. Ich wog die Vor- und Nachteile der Berufe ab. Ich bin immer noch sehr verwundert darüber, dass ich wirklich keinen blassen Schimmer hatte, wo ich eigentlich hinwollte. Ich dachte nicht einmal darüber nach, was mir *wirklich* Freude bereitete. Als wäre es damals gar nicht möglich gewesen, den Beruf nach der eigenen Berufung zu wählen. Meine Entscheidung kam letzten Endes ziemlich unverhofft und im Nachhinein kann ich nicht erklären, wieso ich diese Wahl getroffen habe. Vielleicht war es damals meine „innere Kraft", die mir den richtigen Impuls schickte und mich die Entscheidung treffen ließ, eine Ausbildung als Erzieherin zu beginnen.

Um letztendlich meine innere Berufung zu erkennen, habe ich wirklich lange gebraucht. Ich erinnere mich noch sehr genau an meine Zeit in der Grundschule. In der ersten Klasse zum Beispiel habe ich eine Freundin, die sehr viel Angst vor der Schule hatte, beruhigt und bestärkt, bis sie es schaffte, ohne mich auszukommen. In der vierten Klasse gab es diese eine Situation, in der ich eine Mitschülerin getröstet und ihr dabei geholfen habe, sich mit einem Freund zu versöhnen. Es war schon damals mein innerer Wunsch, Menschen zu helfen. Dies machte mir auch keine Mühe. Es sind Situationen wie diese, die mir im Gedächtnis geblieben sind. Wenn mich heute eine Freundin um Rat bittet und sie sich nach unserem Gespräch besser und bestärkt fühlt, empfinde ich eine Wärme, die ich früher gar nicht zuordnen konnte und als „verrückt" abgetan habe. Aber wenn ich jetzt an mein Leben zurückdenke, sehe ich den Weg ganz klar vor mir. Uns wird so vieles von außen eingetrichtert, dass wir erst einmal eine Weile brauchen, um all die Stimmen in uns wieder zuordnen zu können, bis man endlich wieder seine eigene Stimme hören kann.

Heute blicke ich mit viel Humor auf meinen eigenen Werdegang zurück. Ich erinnere mich an die Worte meiner Lehrerin, die mich für einen sozialen Beruf als absolut ungeeignet einstufte. Zu diesem Zeitpunkt war ich rebellisch genug, diese Worte als Unwahrheit abzutun. Es gab in diesem Berufszweig viele, denen ich nicht angepasst genug war, und mit „angepasst" meine ich, gefälligst still zu sein, alles brav abzunicken und nichts in Frage zu stellen. Dabei gehöre ich zu der Sorte Mensch, die alles analysiert und blitzschnell erkennt, an welcher Stelle es in anderen Systemen hakt. Das hat mich auch nicht gerade zu einer beliebten

Praktikantin gemacht, aber dafür zu einer Person, die heute weiß, wer sie ist, und diese Fähigkeit nutzt, um anderen Menschen zu helfen. Nach vier Jahren Ausbildung schloss ich mit einer eins in der praktischen, der mündlichen und der schriftlichen Prüfung ab und gehörte somit zu den drei Jahrgangsbesten. Was ich dir damit sagen will? Es wird immer wieder Leute geben, die dich kritisieren, die dich unterschätzen und klein halten wollen. Worte haben eine unsagbare Kraft in sich. Wäre ich damals noch die Anna gewesen, die sich von ihren Klassenkameraden demütigen und schikanieren ließ, hätte ich mich wahrscheinlich heulend im Zimmer eingesperrt und dieser Lehrerin geglaubt. Es spielt auch keine Rolle, ob du im gegenwärtigen Zustand, diesem Bild von dir entsprichst oder nicht. Es geht darum, ob du die Richtung kennst, ob du weißt, was du erreichen willst, um endlich die Person zu werden, die du werden willst. Man kann sich ändern. Vor allem aber kann man werden, wer man tief im Innern sein möchte.

Sich zu verändern, dauert manchmal nur eine einzige Sekunde – es liegt an dir!

Inzwischen bin ich sehr glücklich über meine Berufswahl. Diese Zufriedenheit hat sich aber erst mit den Jahren eingestellt und die Entwicklung ist sicher noch nicht abgeschlossen. Ich musste in einigen sozialen Feldern arbeiten, um zu erkennen, welche Aspekte meines Berufes mich wirklich erfüllten. Inzwischen würde ich nie wieder in einer Kindertageseinrichtung arbeiten. Was ich aber schon damals geliebt habe, war es, als

44

stellvertretende Leitung tätig zu sein und die Eltern auf beraten-
der Ebene zu unterstützen. Als Erzieherin war es früher undenk-
bar, eine beratende Tätigkeit auszuüben, denn dieser Aufgaben-
bereich war den Studierten vorbehalten. Inzwischen ist alles
möglich, weil ich daran glaube und weiß, wozu ich berufen bin.
Dieser Tätigkeit als Beraterin darf ich inzwischen jeden Tag nachgehen. Allerdings sind noch zu viele meiner Klienten nicht bereit,
nachhaltige Veränderungen einzuläuten. Ich muss sehr viel meiner Energie in die Überzeugungsarbeit investieren und darin, zu
beweisen, dass man sich auf mich und meine Fähigkeiten ein-
lassen kann. Ich habe ein sehr klares Bild vor Augen, irgendwann
nur noch mit Menschen zu arbeiten, die das, was ich tue, wert-
schätzen und bereit sind, ihre Gewohnheiten loszulassen, um
endlich ein Leben in Fülle führen zu können.

Und genau diese Ebene bringt mich zu einem weiteren Teilas-
pekt meiner Berufung: Den Worten. Ich wusste schon sehr früh,
dass ich zu Worten eine tiefe Verbindung habe. Um Schreiben
zu können, brauche ich aber die Interaktion mit Menschen. Das
eine baut auf dem anderen auf. Meine Geschichten entstehen
immer da draußen. Ich habe immer mein Leben als Inspirations-
quelle genutzt. Aber nicht nur das Schreiben erfüllt mich mit
Glück, sondern auch die direkte Verbindung mit anderen Menschen. Worte haben die Kraft, diese Verbindungen aufzubauen
und wirklich etwas verändern zu können. Es ist meine große Leidenschaft, Menschen zu motivieren, mögliche Wege aufzuzeigen und sie Schritt für Schritt zu ihrem Ziel zu begleiten.

Meine größte Erfüllung besteht darin, andere Menschen dabei zu unterstützen, ein glückliches und selbstbestimmtes Leben zu führen.

Mir über meine eigene Berufung bewusst zu werden, hat mich zu einem weiteren Glaubenssatz geführt: „Erst die Arbeit, dann das Vergnügen." Woher kommt der Glaube, dass Arbeit nichts Schönes ist, nichts, was einem Freude bereitet, einen weiterbringt oder antreibt im Leben? Diese Sätze haben unsere Gesellschaft geformt. Eine Gesellschaft, die Arbeit als etwas Notwendiges ansieht und nicht als Chance, sich selbst zu verwirklichen und andere mit dem eigenen Sein erfüllen zu dürfen. Jeder Mensch ist anders und kann in unterschiedlichen Bereichen Erfüllung finden. Und wenn ich mich so umsehe, braucht die Welt viel mehr Menschen, die ihre wahrhaftige Berufung leben.

Um dir zu erklären, wie man die eigene Berufung findet und lebt, müssen wir uns die beiden Worte „Beruf" und „Arbeit" erst einmal etwas genauer ansehen. Das Wort „Arbeit" hat eigentlich nichts mit dem „Beruf" zu tun, sondern meint in seiner ursprünglichen Bedeutung so viel wie „Not", „Mühe" oder „Strapaze". In anderen Ländern ist die Bedeutung des Wortes sogar noch abwertender. In Frankreich zum Beispiel wurde das Wort „travail" mit „Folterinstrument" gleichgesetzt.

Das Wort „Beruf" hingegen stammt aus dem lateinischen und wird in zwei Teilaspekte, die „vocatio interna" und die „vocatio

46

externa" unterteilt. Die „vocatio interna" bedeutet die innere, spirituelle Berufung, die „vocatio externa" den äußeren Beruf. Mit der Erkenntnis dieser beiden Wortabstammungen löste sich für mich auch das Rätsel. Es gab eine Verwechslung. Die Arbeit hat nichts mit dem Beruf zu tun. Ich glaube lediglich daran, dass es bei der Ausführung unserer Berufung gelegentlich Aspekte gibt, die Arbeit in ihrer Ursprungsbedeutung beinhalten. Das bedeutet konkret, das auch bei der Berufung Tätigkeiten anfallen, die einfach erledigt werden müssen. Trotzdem sollte das Verhältnis ein anderes sein.

Um das tun zu können, was dir wahre Zufriedenheit schenkt, musst du deine innere und äußere Berufung in Einklang bringen.

Um die eigentlichen Berufung(en) wiederzufinden, muss man nicht unbedingt einen enormen Energieaufwand betreiben. Aber es bedarf der Fähigkeit, sich selbst gut zuhören zu können. Die Berufswahl findet oftmals zu einer Zeit statt, in der man gerade erst dabei ist, seine Identität zu entwickeln. Hinzu kommen all die Glaubenssätze, die man sich durch sein Umfeld angeeignet hat. Es ist also höchstwahrscheinlich, dass wir uns im Laufe unseres Lebens irgendwann umorientieren müssen oder dürfen und können. Das Gewohnte loszulassen und mit leeren Händen neu zu beginnen, vielleicht sogar einen Weg zu gehen, den vorher noch niemand gegangen ist, benötigt viel mehr Mut, als in einer erträglichen, aber nicht erfüllenden Arbeitsstelle zu verharren. Die eigene Berufung ist ebenfalls etwas, was sich im Laufe des Lebens ändern kann und darf, weil wir Menschen uns nun einmal ändern. Früher war ich der Meinung, dass man immer die Person bleibt, die man nun einmal ist. Dabei ist es genau andersherum: Wir sind bereits in der nächsten Sekunde jemand anderes als in diesem Augenblick. Das bedeutet, dass wir in einem Moment liebevoll mit unserem Kind sprechen können und im nächsten unseren Partner anschreien. Es gibt auch immer mehrere Rollen, die wir innehaben und denen wir uns nun einmal anpassen. Das ist ebenfalls Authentizität – sich unterschiedlich verhalten zu dürfen und doch die gleiche Person zu bleiben. Veränderungen sind notwendig. Veränderungen sind wichtig. Ohne Veränderungen würden wir stehen bleiben.

Wir verändern uns ständig, ändern unsere Meinungen, machen neue Erfahrungen, nehmen andere Blickwinkel ein. Also ist auch der Beruf bzw. der Ausdruck der eigenen Berufung wandelbar. Unser Herz darf sich immer wieder neu entscheiden und wir sollten endlich anfangen, unserem Herzen in jedem Lebensbereich eine Stimme zu geben.

Wenn der Beruf häufig mehr als ein Drittel des Tages beansprucht, warum nutzt man diese Zeit dann nicht sinnvoll? Warum tut man nicht etwas, was man liebt? Warum erwartet man den Freitag so sehnsüchtig und verabscheut den Montag so sehr, dass diese Emotionen den Alltag bestimmen? Es ist die Angst davor, schlafen zu gehen, weil der nächste Morgen kommt und man sich zu einem Arbeitsplatz quält, der einem mehr Kraft raubt, als das er die Erfüllung bringt. Wäre es nicht wunderbar, wenn es keine Rolle mehr spielen würde, ob man arbeitet oder frei hat, weil man endlich das tut, was sich gut anfühlt? Und warum sollte es das nicht geben? Schau dich doch mal um: Du existierst – ich existiere. Die Welt ist ein einziges großes Wunderwerk.

Wir haben nur vergessen, es zu bemerken, weil wir viel zu beschäftigt sind und uns lieber selbst bemitleiden, anstatt rauszugehen und etwas für unser Glück zu tun. Wir leben im Mangel, zumindest in Gedanken.

Und die Gedanken der Menschheit werden in drei Kategorien unterteilt:

- die Optimisten
- die Pessimisten
- die Realisten

Letzteres nehmen wohl die meisten für sich in Anspruch. Aber was bedeutet es überhaupt, realistisch zu sein? Was ist in diesem Universum wirklich real?

Wenn ich an die großen Errungenschaften denke, wie den Bau der Pyramiden 2650 v. Christus oder die Erfindung der Glühbirne von Thomas Edison im Jahre 1879, wird mir klar, dass alles real werden kann, wenn jemand daran glaubt, es erschaffen zu können. Das Durchhaltevermögen entscheidet, ob man auch dazu bereit ist, alles in seinen Traum zu investieren. Thomas Edison hat neuntausend Versuche gebraucht, bis seine Vision Realität wurde.

Wunder geschehen, weil jemand groß denkt, ein Ziel vor Augen hat und daran festhält.

Deine eigene Berufung zu finden und dieser zu folgen, wird dich an den Ort deiner Träume bringen. Es gibt auch keine Berufe, in denen du nicht erfolgreich sein kannst. Wenn du deiner Leidenschaft folgst, kannst du aus einer einfachen Tätigkeit ein Wunder entstehen lassen.

Der Sinn des Lebens liegt darin,

das eigene Leben

so zu gestalten,

dass du Erfüllung

in der Tätigkeit findest,

der du täglich nachgehst.

Liebe ist Alles – alles ist Liebe

Ich glaube, der größte Irrtum in der heutigen Gesellschaft ist die rosarote Brille. Die rosarote Brille ist nicht das, wofür du sie die ganze Zeit gehalten hast. Ich glaube, dass die rosarote Brille die Sichtweise ist, die du viel öfter einnehmen solltest. Wenn du dich verliebst, siehst du den anderen bekanntlich durch die rosarote Brille, bis diese irgendwann verblasst. Sie verblasst nicht nur, sie verwandelt sich oftmals in eine grau-schwarze Sichtweise. Stell dir vor, die rosarote Brille wäre nicht dein blinder Fleck, den du schnellstmöglich aufdecken solltest, sondern dein natürlicher Zustand.

Wenn wir lieben, gibt es nichts zu verlieren. Liebe kann nicht verlieren. Ein Mensch, den wir lieben, kann zwar auf physischer Ebene verschwinden, aber nicht in uns. In Liebe zu handeln, kann nichts Negatives erschaffen. Viele Menschen wissen nur leider nicht mehr, was es heißt, wahrhaftig zu lieben und geliebt zu werden. Dabei ist es genau das, was wir uns alle von Herzen wünschen. Wir sehnen uns alle nach der Liebe.

Wahre Liebe, so wie sie wirklich gemeint ist, ist in allem und jedem zu finden. Der wahre Kern eines Menschen, die wahre Essenz einer Sache, ist immer liebenswert. Manchmal auf den ersten Blick verborgen, doch immer da.

Liebe heißt nicht, naiv zu sein oder sich selbst aufzuopfern. Liebe beginnt mit der Liebe zu sich selbst. Das bedeutet, achtsam zu sein, Verständnis aufzubringen, aber auch klare Grenzen zu ziehen. Das hat nichts mit Egoismus zu tun. Es geht darum, seine

Bedürfnisse und Wünsche anzuerkennen, seiner inneren Stimme zuzuhören und ihr dann auch wirklich eine Stimme zu geben. Es ist schön und gut, Liebe zu geben, ohne etwas zu erwarten. Aber eine Beziehung besteht immer aus zwei Menschen. Man ist für sich verantwortlich, aber nicht für den anderen. Lieben heißt weiter zu denken, sich wieder in einer Gemeinschaft wahrzunehmen, und zwar nicht nur im nächsten Sportverein, sondern mit allen Menschen. Denn wir sind uns alle ähnlicher, als wir glauben. Wir haben fast identische Bedürfnisse. Wir brauchen Wasser, Sauerstoff, Nahrung und Schlaf zum Überleben. Unsere Körperfunktionen sind immer gleich. Wir benötigen alle dieselbe Luft zum Atmen. Wir alle haben ähnliche Gedanken. Wir alle haben dieselben Gefühle: Trauer, Schmerz, Hoffnung, Freude, Angst, Hass, Liebe, Wut, Neid. Wir sind eins in unterschiedlichen Körpern.

Ich glaube, dass wir alle gerne unabhängig sein möchten. Wir möchten finanziell unabhängig sein, frei vom Staat, den Eltern, dem Partner usw. Wir sollten das Gefühl von Unabhängigkeit gegen das Gefühl der Zugehörigkeit tauschen. Wir verlieren dadurch nicht unsere Identität oder Individualität. Wir erhalten sie uns, weil wir andere und somit uns selbst wieder mit den Augen der Liebe sehen.

Während ich dieses Kapitel schrieb, befand ich mich in einer Beziehung, die mich sehr unglücklich machte. Anfänglich wollte ich

53

mir nicht eingestehen, dass ich irgendetwas bei der Wahl meines Partners übersehen hatte. Ich bekam, was ich verdiente oder besser: Ich bekam, was ich brauchte. Manchmal ist genau dieses Zugeständnis von „Versagen", verursacht durch gewisse Fehlentscheidungen, am schwierigsten. Man muss sich selbst und somit auch anderen eingestehen, dass man sich geirrt hat. Was soll ich sagen? Ich bin auch nur ein Mensch und wir haben niemals ausgelernt. Jede Erfahrung und wie wir mit dieser umgehen ist nur ein weiterer Schritt auf unserem Weg. Ich mache genauso viele schmerzhafte Erfahrungen wie alle anderen auch.

Bei allem, was mir im Leben passiert, trage ich trotz allem die tiefe Gewissheit in meinem Herzen, dass das Leben bringt, was richtig für mich ist. Jeder Schmerz lässt sich ab einem gewissen Zeitpunkt in etwas Liebevolles verwandeln. Jede Wunde kann zum Wunder werden. Ich vertraue auf das Leben und nehme meine Lernaufgaben an, um weiterzukommen und mich nicht ständig im Kreis zu drehen.

Das Scheitern dieser Beziehung fühlte sich anders an als die Trennungen zuvor. Es war nicht mehr die Traurigkeit von früher, die alles überschattete. Auch in diesem Bereich meines Lebens erkannte ich zum ersten Mal meine Anteile an der Situation. Ich versuchte krampfhaft, die Stimme meines Herzens zu hören, aber ich konnte nicht richtig verstehen, was es mir sagen wollte. Ich wollte es nicht verstehen! Da war dieser Mann, der sich an einem Punkt in seinem Leben befand, an dem ich ihm nicht helfen konnte. Es ist die innere Haltung, die den Unterschied macht, ob man dazu bereit ist, an sich und der Beziehung zu arbeiten oder nicht. Ich habe so viel Hingabe und Arbeit in meine Wandlung gesteckt, dass ich nur damit beschäftigt gewesen bin, nicht wieder zurückzufallen. Ich bin nicht perfekt und werde es nie sein. Aber ich bin gut genug, um nicht mehr entgegen meiner inneren Stimme zu handeln.

Ich stelle mal einige plakative Fragen, denen ich mich gewidmet habe:
Was passiert in einer Partnerschaft, in der der Partner ganz andere Signale als du ins Universum sendet? Was ist dann dein Part, deine Aufgabe? Wie gehst du damit um, wenn du merkst, dass jemand unter dem Radar schwimmt, seine negative Energie dich fast mitreißt und es unübersehbare Auswirkungen auf eure Beziehung hat? Was ist dann? Ist es Liebe, die dich dazu bewegt, zu bleiben, oder zwingt dich deine Selbstliebe dazu, zu gehen und den anderen seinen eigenen Lektionen zu überlassen? Wie kommen solche Beziehungen überhaupt zu Stande?
Ich vermute, dass dieses Leben dazu erschaffen wurde, damit wir unser wahres Selbst finden. Unsere Aufgabe ist die Entwicklung. Ich finde es erstaunlich, wenn Menschen glauben, unser jetziger Zustand wäre das Ende, dass das, was wir jetzt zu wissen glauben, die ultimativen, unverbesserlichen Erkenntnisse sind, auf denen wir unser Fundament aufbauen. Der aktuelle Zustand ist lediglich eine Stufe auf einer Leiter, die jeder Einzelne für sich allein hinaufsteigen muss.
Das soll diese Menschen auch nicht herabstufen. Für mich ist es

nur so, dass wir auf unterschiedlichen Stufen stehen. Je nachdem, ob wir unsere Lernaufgaben verstanden und umgesetzt haben, verweilen wir länger auf einer Stufe oder gehen wieder einige Schritte herunter, um dieselben „Fehler" noch einmal zu machen, so lange, bis es uns gänzlich aus den Ohren heraushängt.
Beim zweiten oder dritten Versuch kann es natürlich sein, dass
wir schneller vorankommen und nicht mehr ewig auf einer Stufe
verweilen müssen. Allerdings können wir keine Stufe auslassen,
überspringen, tricksen. Da ist auch keiner, den wir überholen
müssen. Dies ist kein Wettbewerb. Es ist der unaufhaltsame
Kreislauf des Lebens. Jeder ist allein für seinen Weg verantwortlich. Es sind dementsprechend auch keine Fehler, sondern Aufgaben, um die wir nicht herumkommen. Es liegt bei uns, wie viel
Kraft, Mut und Energie wir in unsere Entwicklungsaufgaben ste-
cken. Das Leben wird uns in die Knie zwingen, bis wir endlich
anfangen, unseren Blickwinkel zu ändern und das in jedem Bereich des Lebens. Mein Leben zwang mich dazu, zu erkennen,
dass das Scheitern meiner Beziehungen das Resultat meiner
Glaubenssätze war.

Es gibt einige Menschen, die weit über mir auf der Leiter des Lebens stehen, andere hingegen befinden sich noch auf den un-
tersten Sprossen. Dies hat im Übrigen auch nichts mit dem tat-
sächlichen Alter eines Menschen zu tun. Es gibt Menschen, die
sterben, ohne auch nur eine einzige Stufe nach oben gekommen
zu sein. Du kannst entscheiden, wie weit du in deinem jetzigen
Leben kommen möchtest. Da ich an Reinkarnation glaube, wirst
du nach meiner Auffassung so lange mit deinen Lernaufgaben

konfrontiert, bis du hinter deine eigene Fassade blickst und dich im Sinne der Evolution weiterentwickelst. Hierbei geht es nicht um technologische Entwicklungen oder materielle Errungenschaften.

Unser wahrer Kern möchte lieben und geliebt werden. Alles im Leben richtet sich danach aus, der Liebe die Macht zu geben. Irgendwann werden Besitztümer keine Rolle mehr spielen. Wir werden uns auch nicht mehr fragen müssen, was der andere wohl gerade denkt. Wir werden miteinander verbunden sein. Wir werden lernen, durch etwas Tieferes als Worte zu kommunizieren, uns als eine Einheit sehen und in Frieden leben.

Die Liebe ist das, worum es immer geht, und das Einzige, was immer zählen wird.

Je nachdem, auf welcher Stufe wir uns befinden, ziehen wir entweder Partner an, die sich unter uns oder über uns befinden. Selten passiert es, dass beide auf ein- und derselben Stufe stehen. Auf unterschiedlichen Stufen zu sein, ist zunächst auch kein größeres Problem, wenn der Unterschied nicht zu gravierend ist. Es ist allerdings nicht die Lösung, sich wieder klein zu machen, nur um auf derselben Stufe wie der Partner zu bleiben. Wir können dem anderen höchstens die Hand reichen, aber die Schritte hinauf muss der Partner schon selbst gehen. Das können wir nicht für ihn übernehmen. Ist der Abstand zwischen den Stufen zu groß, können wir ihm nicht einmal die Hand reichen. Wir sind zu weit voneinander entfernt. Wir können einen anderen Menschen auch nicht retten. Das ist wohl eine der härtesten Erfahrungen, die ich machen musste: Menschen, die man liebt, ziehen zu lassen, weil die Liebe allein nicht reicht, wenn der andere keine Selbstliebe empfindet.

Das gilt für zwischenmenschliche Beziehungen jeglicher Art, egal ob es der Partner, die Familie oder ein Freund ist.

Wenn ich vor wichtigen Entscheidungen stehe, stelle ich mir immer die folgende Frage:

„Stell dir vor, du würdest in einer Stadt wohnen, in der dich keiner kennt, niemand da wäre, der deine Entscheidung beurteilt, du niemandem Rechenschaft schuldig wärst und du nur Verantwortung für dich selbst übernehmen müsstest. Welche Entscheidung würdest du dann treffen?"

Die Antwort, die sich jetzt in deinen Gedanken und deinem Körper breit macht, ist die Stimme deines Herzens. Glaube ihr. Sie kann nicht daneben liegen.

Diese Stimme ist manchmal so laut zu hören, dass wir uns fast schon vor ihr fürchten. Und manchmal ist sie ganz leise, dass du sie kaum als solche identifizieren kannst. Aber sie ist immer da – du hast nur gelernt, sie zu unterdrücken, zu betäuben, zu verdrängen.

Ich habe mir selbst die Frage gestellt, wieso ich diesen Partner in mein Leben gezogen habe. Es war mein innerer Kritiker, der mir eingeredet hat, nicht gut genug zu sein, mehr leisten zu müssen, um geliebt zu werden. Ich war in jeder Hinsicht so bedürftig, dass sowieso niemand meinen Mangel hätte ausgleichen können. Ich war mir bis zu dieser Beziehung nicht einmal darüber bewusst, dass diese Glaubenssätze noch wirkten. Somit habe ich diesen Partner in mein Leben gezogen. Einen Partner, der nur weiterhin den Mangel in mir verstärkte und nicht bereit war, sich selbst oder mich zu lieben.

Liebst du deine Nächsten?

Es könnte sein, dass dich diese Frage nachdenklich werden lässt oder du gleich eine Abwehrhaltung einnimmst und dir denkst, dass man nicht jeden Menschen lieben kann. Aber genau diese Gedanken sollten dich dazu bewegen, deine Einstellungen und Erwartungen zu überdenken.

Oftmals empfinden wir jemanden als nicht liebenswert, weil er nicht unseren Erwartungen entsprechend handelt.

Wir erwarten, dass alles so läuft, wie wir es uns vorstellen. Und manchmal erwarten wir zusätzlich auch eine Gegenleistung. Es fällt uns immer schwerer, aus reiner Nächstenliebe oder Freundlichkeit zu handeln. Es fühlt sich an, als würden wir eine Strichliste führen, auf der wir notieren, was wir bereits für jemanden getan haben, um dann mindestens genauso viel zurückzuerwarten, wie wir selbst investiert haben. Wir erwarten Perfektion. Niemand darf mehr einen Termin vergessen oder eine schlechte Note schreiben. Im Job sind 100% nur gut, aber nicht gut genug. Meine ehemalige Chefin hat ihren Mitarbeiterinnen oft den Satz entgegengeschmettert: „Gut gemeint ist nicht gut gemacht.". Heute weiß ich, dass „gut gemeint" manchmal völlig ausreichend ist. Ich gehe sogar so weit, zu sagen, dass „gut gemeint" viel wünschenswerter ist als eine kontrollsüchtige Chefin.

Es geht nicht darum, die Erwartungen anderer zu erfüllen. Genauso wenig geht es darum, ständig in der Erwartungshaltung zu sein. Hinzu kommt die Tatsache, dass jeder Mensch eine andere

Wahrnehmung besitzt. Was für einen Menschen mutig ist, kann für jemanden anderen noch die Komfortzone darstellen. Was für jemanden ein Liebesbeweis ist, kann dem anderen nicht einmal auffallen. Deshalb ist es so wichtig, miteinander zu kommunizieren, nicht um permanent die Erwartungen des anderen zu erfüllen, aber um uns vielleicht in der Mitte zu treffen und wenigstens Verständnis füreinander aufzubringen. Und genau diese Art des Miteinanders ist Nächstenliebe. Da oben sitzt nämlich niemand und beurteilt uns. Es gibt keinen Klassenbucheintrag für den verpatzten Termin auf der Arbeit oder den Streit mit dem Partner. Es ist viel eher so, dass wir unserer selbst wegen lernen sollten, wie wir miteinander umgehen. Dazu gehört auch, dass wir lernen sollten, uns aufrichtig bei anderen zu entschuldigen und vor allem Entschuldigungen anzunehmen und nicht so nachtragend zu sein.

Verzeihen ist wohl die schwierigste Aufgabe, der wir uns stellen können. Wer verzeiht, gibt die Opferrolle auf, in der wir uns nur allzu gern befinden. Wir erzählen von unseren schlimmen Erfahrungen, unseren Krankheiten, wie uns das Herz gebrochen wurde, wie wir gehänselt und ausgebeutet wurden.

Was bleibt von einem übrig, wenn wir all die negativen Aspekte beiseitelassen?

Unser Leben wird zu oft nur durch das geprägt, was wir nicht gut finden, was wir nicht wollen. Unsere Anti-Haltung schenkt uns wenigstens eine Identität. Welche Geschichten haben wir zu erzählen, wenn wir nicht mehr lästern, Scherze über andere machen oder uns über irgendetwas auslassen können? Ja, die Liste furchtbarer Erfahrungen ist lang. Ab einem gewissen Zeitpunkt liegt es aber an dir, zu entscheiden, ob du den Ballast den Rest deines Lebens weiter mit dir herumschleppen willst oder ob du den vollen Rucksack endlich ausräumst und nur noch mitnimmst, was du wirklich brauchst. Das bedeutet nicht, dass du deine eigene Geschichte leugnen sollst. Im Gegenteil. Das Erlebte mitzuteilen ist ein essenzieller Punkt auf dem Weg zu mehr Selbstliebe und Zufriedenheit. Sich anderen Menschen wahrhaftig zu zeigen, sich zu öffnen und die eigene Verletzlichkeit nicht als Schwäche, sondern Stärke anzusehen - das ist Liebe. Aber es macht einen Unterschied, ob du in deiner Geschichte die Rolle des Opfers, des Täters oder einfach des Erzählers einnimmst.

Stell dir vor, wie es wäre, endlich genug Platz in deinem Leben zu haben für die schönen Dinge wie Liebe, Freude und Hoffnung. Warum nimmst du eigentlich diese Dinge nicht mit? Dein Rucksack wäre so leicht, weil die Dinge, die dich glücklich machen, nicht schwer sind. Sie ziehen dich nicht herunter, sie beflügeln dich. Dann gäbe es keine Ausreden mehr, irgendetwas nicht zu tun. Deine negativen Erfahrungen haben nämlich meistens nur zur Folge, dass du irgendetwas gar nicht erst versuchst. Du verpasst so viele Gelegenheiten, weil die Angst dich beherrscht. Damit dies gelingt, solltest du aufhören, andere Menschen zu verurteilen. Indem du deine Gedanken beobachtest, wirst du schnell merken, wie dein Gehirn beim Betreten eines Raumes, beim Flanieren durch die Stadt, in einem Telefonat mit einem Unbekannten, sofort alles in Bewegung setzt, das Gesehene/Gehörte zu bewerten. Dabei geht es immer nur um Äußerlichkeiten, wie jemand läuft, aussieht, sich kleidet, spricht usw. Die Liste ist lang.

Wir sollten endlich anfangen, den Blick vom Außen auf das Innere zu lenken, in allen Belangen, immer angefangen bei uns selbst. Wenn uns etwas an einer anderen Person nicht gefällt, ist die Wahrscheinlichkeit sehr hoch, dass wir damit uns selbst meinen.

Für all das, was uns an anderen stört, gibt es eine einfache Begründung: Diese Sache stört uns an uns selbst. Störend empfinden wir sowohl das, was uns fehlt, als auch das, was wir an uns selbst als unvollkommen einstufen. Alles, was uns im Leben begegnet, hält uns den Spiegel vor und zwingt uns dazu, uns selbst anzusehen.

Leider wollen wir viel zu oft nicht hinsehen, uns nicht ansehen. Wir empfinden das, was wir sehen, als falsch, hässlich, nicht liebenswert genug. Weißt du, was passiert, wenn du so über dich denkst? Du verhältst dich nach deinem Glaubenssatz, ob du dir dessen bewusst bist oder nicht.

Du bist nicht die Person, die die anderen in dir sehen.

63

Du bist die Person, die du zu sein glaubst.

Nächstenliebe beginnt immer bei dir selbst. Du bist dir selbst der/die Nächste. Wenn ich dir also sage, dass du dich dazu anhalten solltest, so wenig wie möglich über andere Menschen zu urteilen, bedeutet das auch, dass du damit beginnen solltest, dich selbst nicht zu verurteilen. Nur wer in der Lage dazu ist, gut zu sich selbst zu sein, liebevoll mit sich selbst zu sprechen und umzugehen, kann diese Liebe auch weitergeben.

Meine Mama hat mir schon sehr früh beigebracht, dass das Leben ein Geben und ein Nehmen ist. Sie hat mir vorgelebt, dass das, was man gibt, immer zu einem zurückkommt. Sie brachte mir unsagbar viel Vertrauen entgegen, wodurch ich zum Beispiel als Jugendliche niemals feste Ausgehzeiten hatte. Im Gegenzug dazu musste sie sich nie sorgen, dass ich irgendetwas tat, das mich wirklich in Schwierigkeiten brachte. Diese Wechselwirkung von Nehmen und Geben bezieht sich auch auf die Selbstliebe. Je mehr du dich um dich selbst kümmerst, desto mehr bist du in der Lage, anderen etwas zu geben. Je mehr du dich selbst lieben kannst, umso mehr Liebe kannst du gegenüber deinem Nächsten empfinden.

Yin & Yang

Das Gesetz der Polarität besitzt in meinem Leben einen hohen Stellenwert. So wie Yin und Yang kann alles im Leben aus zwei völlig konträren Blickwinkeln betrachtet werden. Auch wenn man beide Seiten einer Sache getrennt voneinander wahrnehmen kann, bleiben sie doch zwei Teile eines Ganzen. Bei dieser Annahme verkörpert das Symbol Yin die weibliche Seite, das Vertrauen, Loslassen und Empfangen, wohingegen Yang die männlichen Anteile symbolisiert wie Freude, Leidenschaft und aktives Geben. Dieses Prinzip zu leugnen und nur eine der beiden Seiten zu leben, führt unausweichlich zu einer Dysbalance. Bisher habe ich in meinem Leben hauptsächlich die männlichen Energien ausgelebt. Die Pandemie führte dazu, dass ich überhaupt erst dazu in der Lage war, beide Anteile in mir zu erkennen und anzunehmen. Das Gesetz der Polarität ist für mich sehr eng mit Empathie verbunden. Wenn ich dazu bereit bin, mich wahrhaftig auf eine andere Sichtweise einzulassen, kann ich endlich aufrichtiges Mitgefühl für andere aufbringen und das männliche Yang ganz ausschöpfen. Mir war bis dato allerdings nicht bewusst, dass der Empathie eine ganz andere Sache voranging, nämlich Mitgefühl für mich selbst zu empfinden und nicht nur zu geben, sondern auch empfangen zu dürfen – die Yin-Energie.

Im Sommer letzten Jahres habe ich das Hörbuch „Die Gaben der Unvollkommenheit" der wunderbaren Brené Brown gehört. Ein

Satz blieb besonders bei mir hängen:

„Mitfühlende Menschen sind Menschen mit Grenzen."

Ein halbes Jahr später wiederhole ich dieses Mantra immer noch und präge es mir ein. Es einmal gehört zu haben, reichte nicht aus. Ich musste jede Faser meines Körpers erreichen und dazu bringen, diesen Satz zu glauben und nach diesem zu handeln. Komischerweise hatte ich es vorher noch nie so gesehen und niemals hatte es jemand so ausdrücklich gesagt, dass es seine Wirkung nicht verfehlte. Ich selbst kann nur ernsthaftes Interesse zeigen, zuhören, empathisch sein und helfen, wenn ich mir persönlich die Zeit einräume, um Kraft zu tanken, meinen eigenen Gedanken, Wünschen und Bedürfnissen zu lauschen und den Dingen nachzugehen, die mich mit Freude erfüllen.

Wir sind darauf programmiert, unsere eigenen Grenzen zu übergehen, anderen zu geben, was sie brauchen und uns selbst immer weiter zurückzunehmen. Dieses Verhalten wird durch einen inneren Glaubenssatz verursacht, der uns suggeriert, dass wir erst dann wertvoll und liebenswürdig sind, wenn wir genug getan haben, wofür andere Menschen uns loben und anerkennen. Wir sind getrieben, ohne im jeweiligen Augenblick zu verweilen. Immer einen Schritt weiter, einen Gedanken voraus.

Nur jemand, der auch mal „Nein" sagt, eine Verabredung verschiebt, ein Familientreffen sausen lässt oder sich krankmeldet und somit seine eigenen Grenzen zu schützen weiß, ist in der Lage dazu, wahres Mitgefühl zu empfinden. Für mich gab es da allerdings eine Sache, die der Empathie im Weg stand. Ich musste erst lernen, Groll und tiefsitzende Aggressionen gegen andere loszulassen. Indem ich mich von diesen Emotionen leiten ließ, habe ich mein Inneres zu einem Gefängnis gemacht, in dem jedes noch so schöne Erlebnis überschattet wurde.

Jeder Mensch glaubt für sich, dass das, was er sieht, die Wahrheit ist. Aber in Wirklichkeit sieht jeder nur das, was er sowieso schon für die Wahrheit hält. Diese Annahme stammt von meinem früheren Psychologielehrer und veränderte für mich alles. Wenn wir erkannt haben, dass jeder Einzelne von uns eine andere Wahrheit besitzt, wird jede Enttäuschung kleiner, jede Wut geringer, jedes schlechte Gefühl relativ.

Manche Menschen besitzen ein ähnliches, aber dennoch nicht identisches Verständnis des (Zusammen-)Lebens wie man selbst. Das sind die Menschen, mit denen wir freundschaftliche Verbindungen eingehen. Eine Partnerschaft zum Beispiel bietet mitunter das größte Wachstumspotenzial, da die Konflikte in der Beziehung sich meistens auf die Anteile in uns beziehen, die noch weiter ausgebaut werden dürfen. Das ist auch der Grund, warum Konflikte in Partnerschaften sehr schnell hochemotional werden, da die verborgenen Anteile sich bemerkbar machen und laut „Stopp" schreien, womit wir erneut bei der Komfortzone landen. Irgendwann haben wir gelernt, dass wir so wie wir jetzt sind, zu sein haben, um in dieser Welt zu überleben. Alles andere stellt für uns eine Gefahr dar. Dabei ist es genau andersherum. Wenn wir darin eine Chance erkennen und sie nutzen, können wir in diesem Zusammenhang lernen, die Altlasten endlich loszuwerden. Wir sind keine Kinder mehr und der Partner ist weder die eigene Mutter noch der Vater. Die Anteile, die wir an unserem Partner als störend empfinden sind jene, die wir noch mehr in unserem eigenem Leben aufnehmen sollten. Dies gilt natürlich für beide Seiten. Und das Schöne und zugleich nervtötende ist: Wir werden immer einen Partner anziehen, der die lahmgelegten Facetten triggern wird. Das Leben dient dazu, das Ich zu komplettieren, mit all den Anteilen, die dazu gehören. Wir können uns neu ausrichten und endlich Erinnerungen erschaffen, die nicht unserer Vergangenheit gleichen, sondern die gewünschte Zukunft hervorbringen, in der wir völlig frei sein dürfen.

Wir kommen im Leben nicht daran vorbei, Menschen loszulassen, so schmerzlich das auch sein mag. Manchmal gibt es keinen anderen Weg für den, der loslässt, aber auch für den, der verlassen wird. Im Übrigen sind bereits diese beiden Wörter mit solch negativen Glaubenssätzen behaftet, dass der Verlassene gleich als das Opfer gilt und derjenige, der jemanden verlässt, den Täter verkörpert. Dabei hat eine Geschichte immer zwei Seiten – wie Yin und Yang. Loslassen ist meines Erachtens genauso qualvoll wie das Gefühl des Verlassenwerdens.

Wenn wir lernen, jene Menschen, die wir anders eingeschätzt

haben, deren Leben sich nicht in dieselbe Richtung entwickelt hat, nicht mehr um jeden Preis verstehen und verändern zu wollen, werden Verluste nicht mehr so schmerzhaft und grausam sein. Wir können diese Menschen annehmen, wie sie sind und in wohlwollender Haltung ziehen lassen. Wir können geliebte Menschen auch nicht vor irgendeiner Situation bewahren. Jeder geht seinen eigenen Weg und bekommt, was nötig ist, um die Leiter des Lebens immer weiter hinaufzusteigen. Für die eine Person bedeutet dies, eine Grenze zu ziehen, wohingegen der andere lernen muss, diese Grenzen zu wahren. Ansonsten werden beide immer wieder dieselben schmerzhaften Erfahrungen machen.

Wenn zwei Menschen in ein- und dieselbe Situation verwickelt sind, wie zum Beispiel in eine Trennung, einen Streit oder irgendeine andere Auseinandersetzung, hat niemals ausschließlich einer von beiden eine Lektion zu lernen. Jeder für sich muss danach etwas tun.

Nach einer solchen Situation sollte man einen Schritt zurückgehen und sich darin üben, Verständnis für den anderen aufzubringen. Sich im Selbstmitleids-Modus zu befinden und zu glauben, dass man die Ungerechtigkeit der Welt gepachtet hat, verändert die eigene Rolle nicht. Das vermeintlich ungerecht behandelte Opfer sollte sich aus dieser Rolle befreien. Man ist nie nur das Opfer. Man wird im Leben immer wieder Situationen anziehen, die diese Gefühle in einen bestärken. Vermeintliche Opfer sollten sich auch immer fragen, welchen Anteil sie an einer Situation tragen, in dem sie zum Beispiel nicht in der Lage waren, für sich selbst einzustehen. Man kann Situationen verlassen.

Du musst nicht das Opfer sein. Du bist es, solange du es sein willst.

Alles hängt von der Bereitschaft ab, mit der man sich mit sich selbst auseinandersetzen möchte. Und da die eigene Entwicklung immer der Berufung folgt, gibt es ebenfalls positive und erfüllende Aspekte dieser „Arbeit". Sie kann und soll mit Freude verbunden werden. Aber so ganz ohne Schmerzen geht es tatsächlich nicht. Kennt ihr noch die Schmerzen in den Knochen, denen man in seiner Kindheit und Jugend ausgesetzt war? Der sogenannte Wachstumsschmerz ist auch hier zu spüren. Wir können nicht bleiben, wer wir sind, wenn unser Leben nicht so verläuft, wie wir es uns wünschen.

Du solltest endlich für deine Probleme geradestehen. Niemand ist schuld. Egal, was dir in der Vergangenheit widerfahren ist. Du hast es in der Hand, wie du damit umgehst. Mach dir einen Plan, geh auf die Suche nach Antworten und Lösungen, sei offen und breite die Arme aus für das, was das Leben für dich bereithält.

Jedes Nein, das du im Leben erfährst, sei es im Job, bei der Partnerwahl oder in einer anderen Situation, die im ersten Augenblick wie ein Rückschlag aussieht – ist letztendlich immer ein „Ja!" zu dir selbst. Ein „Ja!" vom Leben an dich gerichtet. Ein „Ja!" auf jede Frage, die du dir stellst. Darauf, dass etwas Besseres, Größeres, so viel Wunderbareres auf dich wartet, als du es dir je erträumt hättest. Ein „Nein" bedeutet die Möglichkeit, zu wachsen und in Empfang zu nehmen, was du wirklich verdient hast.

Das Gesetzt der Polarität dient uns dazu, immer beide Seiten der Medaille anzunehmen und anzuerkennen, dass manchmal nur eine kleine Bewegung ausreicht, um auf der anderen Seite zu stehen.

Nähe kann durch Distanz entstehen.

Nur wo Krankheit ist, hat auch die Gesundheit ihren Platz. Dem Verlust folgt die Dankbarkeit. Wo etwas endet, beginnt etwas Neues.

Die Welt ist oft nicht wie sie scheint –
im Gegenteil:
Sie lacht dich an, wenn du weinst,
sie schenkt dir Mut und Freude jeden Tag,
wenn es das ist, was du sehen magst.
In jedem Augenblick hast du die Chance,
neu zu wählen.
Folgst du dem, was dich glücklich macht
oder dem, was dich quält?
Leben heißt Sonne und Sturm zugleich,
denn so wie der Regen
dem Himmel einen Regenbogen schenkt,
ist Nebel auch nur ein Zeichen dafür,
dass bald wieder die Sonne scheint.

Was dich antreibt – und was dich aufhält

Ich widme mich in diesem Kapitel einer der größten Fragen überhaupt: „Warum?"

Warum mache ich diesen Job? Warum bin ich mit diesem Menschen befreundet? Warum habe ich dieses Hobby? Warum esse ich dieses Essen? Warum bleibe ich lange wach? Warum? Warum? Warum?

Dieses ganze Hinterfragen ist ganz schön anstrengend. Ich weiß. Aber es ist wichtig, um sich selbst besser kennen und verstehen zu lernen. Wir erwarten von unseren Lieben, dass sie genau wissen, was wir denken, fühlen und brauchen. Dabei haben wir selbst keine Ahnung davon, bis wir uns all diesen Fragen widmen.

Wenn wir lernen, die Motivation hinter den Dingen zu erkennen, wird vieles leichter fallen. Dazu ist es notwendig, absolut ehrlich zu sich selbst zu sein. Wir Menschen sind Meister im Erschaffen von Ausreden und Rechtfertigungen.

Arbeitest du in deinem Job, weil er dir Freude bereitet, du das Geld benötigst oder verbirgt sich dahinter vielleicht der Wunsch nach Anerkennung? Sind es deine Eltern oder die Gesellschaft, der du immer noch gerecht werden willst?

Warum bist du mit deinem Partner zusammen? Weil du ihn liebst und ihr eine gesunde und erfüllte Beziehung führt, oder findest du deine Begründung in seinem Aussehen, seinem finanziellen Status oder in der Angst davor, allein zu sein?

Warum isst du diese Pizza? Ist sie nur eine von vielen Fast-Food-

Gerichten, weil du dich zu ausgelaugt und schwach fühlst, um frisch zu kochen? Isst du die Tafel Schokolade, weil du einen stressigen Tag hattest oder ein unerfülltes emotionales Bedürfnis kompensieren willst?

Warum fragst du jemandem nach seinem Befinden? Möchtest du eigentlich nur dein eigenes Leid beklagen, fühlst du dich dazu verpflichtet oder interessierst du dich wirklich für die andere Person? Du solltest lernen, erst einmal ehrlich zu dir selbst zu sein und dann ehrlich mit deinen Mitmenschen umzugehen.

Die Frage nach dem „Warum?" solltest du auch auf deine Gedanken übertragen. Du solltest Dinge zu Ende denken, um dir dann die Frage zu stellen, warum denke ich dieses oder jenes überhaupt? Es gilt, seine Gedanken bewusst wahrzunehmen, nicht um die negativen Gedanken auszumerzen. Nein, sie müssen zu Ende gedacht werden, um sich anschließend entscheiden zu können, welchen Gedanken du bejahend annimmst oder welchen du kopfschüttelnd bei Seite schiebst. So wirst du dich folglich auch verhalten. Wir alle sollten uns oft genug die Frage nach dem Warum stellen und uns so oft wie nur möglich, für das Gute in uns und unserem Leben entscheiden.

Dein Warum entscheidet über dein Wohlbefinden.

Alles kommuniziert mit dir – höre zu!

Wir Menschen sind es noch nicht gewohnt, eine andere Sprache als die der Worte anzuerkennen und zu verstehen. Dabei bietet einem das Leben viele Möglichkeiten, sich tief mit sich selbst und seiner inneren Weisheit zu verbinden. Einige meiner Lieblingswegweiser möchte ich hier mit dir teilen.

Dein Körper spricht den ganzen Tag mit dir. Schon als ich ein Kind war, kommunizierte mein Körper ständig mit mir. Erst kürzlich sagte meine Mama ganz beiläufig, dass ich es seit meiner Kindheit immer mit meinem Hals hatte, wenn etwas war. Im Berufsalltag sieht das dann so aus, dass ich nach besonders anstrengenden Tagen mit Halsschmerzen nach Hause komme. Bin ich zu überlastet, nervös oder ängstlich, fange ich an, an meinem Hals herumzudrücken und Schmerzen zu empfinden. Da hat auch die Mandeloperation im Alter von neun Jahren nicht wirklich geholfen. Mit elf Jahren hatte ich eine Gürtelrose, verursacht durch das Mobbing, dem ich in der sechsten und siebten Klasse ausgesetzt war. Danach hatte ich fünfzehn Jahre lang mit Herpes zu kämpfen. Ich hatte es sogar einmal im Auge. Herpes IM Auge. Nur zur Verdeutlichung. Von allen anderen Sachen fange ich erst gar nicht an.

Dass ich inzwischen so locker über diese Dinge sprechen kann, war ein hartes Stück Arbeit. Ich war früher viel zu ernst und kleinlich. Aber wenn man so engstirnig ist, macht das Leben wirklich keinen Spaß. Man muss auch mal über sich selbst lachen können. Das darf bei der ganzen Weiterentwicklung und Achtsamkeit nicht zu kurz kommen. Es sind nicht nur schwere Krankheiten, die uns dazu zwingen, genauer hinzuhören. Ich glaube, dass eine Krankheit auch dann zu Stande kommen kann, wenn wir zu lange nicht hingehört haben und unser Körper immer stärkere Signale aussenden muss, um uns dazu zu zwingen, in unser Inneres hineinzuspüren. Unterdrückte Gefühle können ebenfalls zu körperlichen Schmerzen werden. Jeder Mensch hat andere Gebrechen, aber letztendlich sind sie alle dazu da, um uns zu dienen.

Es beginnt schon beim Essen. Wie fühlst du dich nach bestimmten Mahlzeiten? Ausgelaugt oder energiegeladen? Hast du Sodbrennen oder Magenkrämpfe? Dein Körper möchte dir etwas sagen – höre auf ihn. Den eigenen Körper wieder bewusst wahrzunehmen, ist etwas, was wir alle erst wieder lernen müssen. Ich habe schon vor über zwei Jahren mit meiner mir selbst auferlegten Challenge gestartet, bei der ich versuche, auf Medikamente zu verzichten. Damit meine ich nicht lebensnotwendige Medikamente, sondern jene, mit denen wir die Signale des Körpers zu betäuben versuchen. Für alles gibt es eine Tablette: Gegen Kopfschmerzen, Magen-Darm-Beschwerden, Rückenschmerzen, Sodbrennen, Halsschmerzen, Schnupfen, Nervosität etc. Natürlich sollte man nicht unnötig leiden beziehungsweise den Körper dabei unterstützen, wieder gesund zu werden. Allerdings führt es nicht zum gewünschten Ergebnis, die Schmerzen zu unterdrücken. Zudem hat die ständige Einnahme solcher Medikamente einen nicht zu unterschätzenden Einfluss darauf, wie gut sie wirken oder welche dauerhaften Nebenwirkungen sie mit sich bringen. Es gibt keine Wirkung ohne Nebenwirkung. Was wir ignorieren, wird dadurch nicht abnehmen oder sich einfach in Luft auflösen. Seitdem ich versuche, diese Art von Medikamenten zu umgehen, geht es mir deutlich besser. Wenn ich Schmerzen habe, sind diese auch nicht mehr so intensiv wie früher. Ich kann schneller erkennen, welches Bedürfnis hinter den Signalen meines Körpers steckt. Aber manchmal lässt er sich auch wieder etwas Neues einfallen, was mich zum Umdenken, Innehalten und Pausieren anhält. Jeder Körper schickt andere Signale. Wenn wir begreifen, dass wir uns besser fühlen, wenn wir gewisse Dinge tun oder unterlassen, haben wir auch keine Angst mehr davor etwas zu verpassen.

Diese Verlustangst treibt uns unser ganzes Leben lang an. Wir glauben, dass wir etwas verlieren oder uns etwas entgehen würde, wenn wir uns im Verzicht üben. Aber wenn dieser Verzicht im Umkehrschluss einen Mehrwert für uns bereithält, ist es doch eigentlich ein Gewinn, oder?

Es reicht nicht aus, nur zu wissen, was dein Körper benötigt. Du musst auch in der Lage sein, dich um ihn zu kümmern, ihm zu geben, was er braucht. Die physische und psychische Komponente ist dabei niemals getrennt voneinander zu betrachten. Alles gehört zusammen und steht in direkter Verbindung zueinander.

Manchmal schickt dein Körper dir aber auch Signale, die dich auf eine ganz andere Fährte locken sollen. Damit meine ich das klassische Lampenfieber oder eine Prüfungsangst und die damit einhergehenden Beschwerden wie Herzrasen, Übelkeit oder Nervosität. Das heißt nicht, dass du nicht zu dieser Prüfung oder auf diese Bühne gehen sollst. Jedes Gefühl kann zu starken körperlichen Beschwerden oder Reaktionen führen. Es gilt, sich diesem Gefühl zu widmen und vollständig in es hineinzuspüren. Jetzt fragst du dich sicher, wie du diese ganzen Signale unterscheiden sollst.

Es ist dein Körper und du bist der Profi.

Probiere dich aus und beurteile danach ganz objektiv, wie du dich fühlst. Wenn du nicht zu dieser Prüfung gehst, wirst du dich sehr wahrscheinlich nicht besser fühlen. Es kommt dir vor, als hättest du versagt, weil deine Angst gewonnen hat. Wenn du die Angst allerdings überwinden kannst, wirst du danach erleichtert und zufrieden sein. Und das übrigens unabhängig davon, wie die Sache ausgeht.

Du hast dich getraut – du hast es gewagt. Das ist alles, was zählt!

An dieser Stelle möchte ich noch einen tieferen Exkurs zum Thema Krankheiten einfügen, da mir dieses Thema besonders am Herzen liegt. Oftmals sehen wir unsere körperlichen Symptome als Feinde an und gehen folglich auch so mit ihnen um. Dabei ist es nicht die Lösung, keinerlei körperliche Reaktionen mehr zu erfahren. Es geht darum, diese richtig zu deuten und wohlwollend anzunehmen. Wir führen einen Krieg gegen unseren Körper, bis wir endlich dazu bereit sind, die Waffen niederzulegen. Wir beschweren uns, wenn unser Körper auf all die Umstände, denen er ausgesetzt ist, antwortet. Es gibt keinen „vollkommenen" Körper, wir sind schließlich keine Roboter. Mir ist es an dieser Stelle wichtig zu sagen, dass eine Krankheit keine Bestrafung ist, um dir deine eigenen Unzulänglichkeiten aufzuzeigen. Alle Lebewesen, ob Pflanzen, Tiere oder sonstige Organismen haben Krankheiten, empfinden Leid und Schmerzen. Eine Krankheit will auf ein Ungleichgewicht aufmerksam machen und uns dazu bringen, sich mit dieser Dysbalance zu beschäftigen. Letzten Endes spielt es überhaupt keine Rolle, was zuerst da war: Die Gedanken, die Gefühle oder der rein äußerliche Zustand, der etwas in uns oder unserem Leben ausgelöst hat. Einzig und allein der Umgang mit diesen Zuständen bestimmt über den weiteren Verlauf. Dabei kommt auch das Thema Disziplin nicht zu kurz. Es ist jedes Mal eine Entscheidung nötig, wissentlich dem Körper oder der Psyche zu schaden oder ihm etwas zu verwehren, was ihn bei seiner Heilung unterstützen könnte.

Es gibt die psychischen und physischen Krankheiten, die immer eine oder mehrere Schnittstellen vorweisen, auf die wir Einfluss nehmen können. Ebenfalls kann eine psychische Krankheit den Körper krank werden lassen und umgekehrt. Letzten Endes aber hat die Kraft unseres Geistes es immer in der Hand, wie wir damit umgehen werden, und so wird folglich auch das Ergebnis aussehen. Doch das Ergebnis ist nicht die vollkommene körperliche

Unversehrtheit, da alles permanent in Interaktion miteinander steht. Wir sind so darauf bedacht, ein Ergebnis fehlerfrei zu gestalten und das in allen Belangen. Dabei ist es überhaupt kein Fehler, krank zu sein, körperliche Schmerzen oder Empfindungen zu haben, sondern der reine Ausdruck aller Komponenten, die Einfluss auf uns und unser Leben nehmen. Wir streben nach Perfektion und wollen all das, was dieser im Weg steht, schleunigst schnell wieder loswerden. Dabei ist jeder einzelne perfekt, ohne Frage vollkommen, so wie er ist, und das in jedem einzelnen Moment, an jedem einzelnen Tag, in jedem einzelnen Jahr. Wir sollten unserem Leben und allen Lebewesen endlich die Bedeutung zuschreiben, die sie verdienen. Sie sind von unschätzbarem Wert – du bist es – das Leben ist es, zu jeder Zeit, mit all seinen Facetten!

Die nächsten Hinweise liefert dir somit dein Wohlbefinden.

Beginnen wir mit einer kurzen Fragerunde:

1. *Kannst du dich von Herzen freuen?*
2. *Kannst du aus voller Seele lachen?*
3. *Kannst du deine Gefühle identifizieren?*
4. *Kannst du deine Gefühle zeigen?*
5. *Führst du ein selbstbestimmtes Leben?*
6. *Erfüllt dich dein Beruf?*
7. Führst du vertrauensvolle Beziehungen?
8. Gönnst du dir genügend Ruhe und Pausen?
9. Erfüllst du deine Grundbedürfnisse?
    (Ausgewogene Ernährung, Wasser trinken, Bewegung, Schlaf, körperliche und emotionale Zuneigung)
10. *Hast du Hobbys und Interessen?*

Ich glaube, es ist überflüssig zu sagen, welche Antworten überwiegen sollten. Auf dieser Liste stehen lediglich Anhaltspunkte, die als Erinnerungsstütze dienen. Jeder Einzelne hat ganz individuelle Bereiche, die sein Wohlbefinden beeinflussen.

Ganz egal, welche Bereiche sich auf dein Wohlergehen auswirken, sie zeigen dir immer den richtigen Weg. Dabei geht es nicht darum, permanent glückselig durch die Gegend zu laufen, aber es geht darum, welche Gefühle in dir vorrangig sind. Mit welcher Laune startest du in den Tag und mit welchen Gefühlen legst du dich schlafen? Du hast die Chance, in jeder Sekunde neu zu wählen. Auch, wenn ein Tag schlecht angefangen hat, muss nicht der gesamte Tag im Eimer sein. Selbst wenn ein Tag schlecht gelaufen ist, muss er noch lange nicht so zu Ende gehen. Eine schlechte Woche muss keine schlechte Phase werden. Eine schlechte Phase ist nicht mit einem schlechten Leben zu verwechseln. Das musst du dir immer vor Augen halten.

Zu meinen sport- und ernährungsaffinen Zeiten (ein netter Ausdruck für eine eigentliche Störung) hatte ich sehr oft das Gefühl, dass der ganze Tag ruiniert sei, wenn ich weniger Kalorien verbrannt hatte als eingeplant oder ich einen Snack gegessen hatte, der nicht in meinen strikten Plan passte. Dann war ich so frustriert, dass ich mein Vorhaben für diesen Tag komplett aufgab. Diese Denkweise wird durch Schuldgefühle hervorgerufen. Ich habe mich verurteilt, als ungenügend eingestuft und diesen Frust dann den Rest des Tages mit mir herumgeschleppt. Ich habe es hingenommen und mich ergeben, im wahrsten Sinne. Allerdings war da niemand, der mich von außen beurteilte, lediglich mein innerer Kritiker zeigte mit dem Finger auf mich und redete auf mich ein. Ich unterteile mein Leben nicht mehr in „gut" oder „schlecht", sondern versuche in jedem Moment, Entscheidungen zu treffen, die sich für mich richtig anfühlen. Es gibt keinen perfekten Zeitpunkt, um mit irgendetwas anzufangen, weiterzumachen oder aufzuhören.

Jetzt kommen wir zu meinem ganz persönlichen Lieblingsratgeber: Der Nacht.

In der Nacht kommuniziert unser Unterbewusstsein am stärksten mit uns. Vielleicht kannst du dich morgens nur sehr selten oder gar nicht an deine Träume erinnern, Fakt ist aber, dass jeder Mensch jede Nacht träumt. Es gibt keine traumlosen Nächte, für niemanden. Ich selbst habe eine sehr lange Zeit zu den Menschen gehört, die Angst vor dem (Ein-)Schlafen hatten, weil mich meine Träume erschütterten.

Oftmals sind meine Träume nachts und auch bei einem Mittagsschlaf so laut, wahrhaftig und impulsiv, dass ich gar nicht anders kann, als mich mit ihnen zu befassen. Meine Träume zwingen mich dazu, mich mit gewissen Situationen in meinem Leben auseinanderzusetzen. Inzwischen habe ich nur noch sehr selten Angst, obwohl meine Träume nach wie vor sehr gewöhnungsbedürftig sind. Ich wehre mich allerdings nicht mehr dagegen, sondern lasse es einfach geschehen. Sie sind auch eine Art Ventil, ein Mülleimer für die angestauten Gefühle, die raus müssen. Das ist auch der Grund, warum es beim Thema Schlaf keinen Unterschied zwischen Kindern und Erwachsenen gibt. Die Reize, die am Tag auf uns einströmen, werden nachts verarbeitet. Je lauter und reizüberfluteter ein Tag, desto unruhiger wird die Nacht. Je mehr ich am Tag nachdenke, je weniger ich körperlich ausgelastet bin, desto heftiger träume ich. Tag und Nacht sind also niemals getrennt voneinander zu betrachten. Du wirst nicht gut schlafen können, wenn du dich tagsüber nicht wohl fühlst. Das bedeutet nun ganz konkret: Wenn du an Schlafstörungen leidest, solltest du deine Gedanken, Gefühle, dein Wohlbefinden am Tag reflektieren. Du solltest damit beginnen, deine Verhaltensmuster am Tag zu ändern, damit sich deine Nachtruhe anpassen kann. Hierzu ist es auch sehr wichtig, eine Schlafhygiene einzuführen und nicht mit dem Handy in der Hand auf die Müdigkeit zu warten. Das, was du am Tag erlebt hast, will einfach heraus und sucht sich nun einmal den Weg, in der die Kontrolle gezwungenermaßen abgegeben werden muss. Früher erschwerte mir genau dieser Punkt regelmäßig das Einschlafen. Schlafen bedeutet loslassen zu können. Und wie wir bereits erfahren haben, war ich darin nicht sonderlich gut.

Du schließt die Augen, damit du sie öffnen kannst.

Träume können dich bis ins Mark treffen, weil sie nicht greifbar sind und ihre Wahrhaftigkeit die verborgenen Anteile deiner Seele triggert. Was wissen wir aber bereits über die Angst? Sie versucht, dich in deiner Komfortzone zu halten.

Natürlich gibt es auch eine nützliche Angst, zum Beispiel, wenn du dich in Lebensgefahr befindest. Allerdings führt in 95% aller Angstzustände nur die Vision vor dem, was sein könnte, zu diesem Zustand. Es ist nicht die Angst vor dem, was tatsächlich ist, sondern nur vor dem, was du dir ausmalst. Also probiere dich einfach aus und nutze deine (Alb-)Träume, um genauer hinzusehen. Wenn du es schaffst, dich deinen individuellen Themen zu widmen, wird sich auch deine Nacht verändern.

Der letzte Bereich, den ich dir ans Herz legen möchte, ist sehr simpel und direkt nachzuvollziehen. Es handelt sich um deine Lebensumstände. Dies ist der materielle Aspekt deines Lebens.

Ich möchte mir kein Urteil darüber bilden, ob du in einem Wohnwagen oder in einer Villa wohnst, wenn es genau die Lebensweise ist, die du dir wünschst. Es geht auch nicht darum, dass die materiellen Umstände zeigen, ob du glücklich bist oder nicht. Es geht darum, was du möchtest und wie du dich damit fühlst. Es sind die Dinge, wie deine Arbeit, deine Wohnsituation, deine Freizeitmöglichkeiten, deine Finanzen und deine Beziehungen. Bist du mit deinen Lebensumständen zufrieden? Bist du zufrieden mit den Entscheidungen, die du getroffen hast und die sich materiell in deinem Leben manifestiert haben?

Aber auch hier gilt: Wünsche und Vorstellungen können und dürfen sich ebenfalls verändern. Vielleicht fühlt sich das, was du vor fünf Jahren entschieden hast, nicht mehr gut für dich an. Du darfst immer wieder neu wählen, neu bestimmen, wo die Reise hingehen soll. Das bedeutet auch nicht, plötzlich mit allem, was um dich herum passiert, unzufrieden zu sein, weil dein Ego dir wieder erzählt, dass du mehr haben könntest, besser sein müsstest usw. Darum geht es nicht. Es geht nur um das Gefühl, das du hast, wenn du deine rein äußerlichen Lebensumstände betrachtest, frei von dem, was andere darüber denken.

Wenn du allerdings jeden Morgen zu einer Arbeit gehst, die dir keinen Spaß macht, du nach Hause kommst in eine Wohnung, in der du dich nicht wohl fühlst, vielleicht an einem Ort, an dem du eigentlich nicht leben möchtest, mit einem Partner, mit dem du nicht glücklich bist? Dann bist du die einzige Person, die die Macht besitzt, dies zu ändern. Es ist völlig in Ordnung und absolut notwendig, falsche Entscheidungen zu fällen oder richtige Entscheidungen, die sich irgendwann nun mal nicht mehr so richtig anfühlen. Du musst dir nur darüber im Klaren werden, was du in diesem Augenblick wirklich willst.

Du schaffst das – es ist an der Zeit, das Leben zu führen, das du dir wünscht!

Karma, Baby!

Das Wort „Karma" findet seinen Ursprung in der altindischen Philosophie und wird als „Tat" und „Wirken" übersetzt. Spirituell betrachtet bedeutet es, dass jede Tat unweigerlich auf geistiger oder körperliche Ebene eine Folge nach sich zieht.

Für mich hat es den Anschein, als würde das Prinzip „Karma" in der heutigen Zeit missverstanden werden. Dies liegt wohl daran, dass wir das Leben in „falsch" und „richtig" zu kategorisieren versuchen. Ich benutze hier selbst zwar ständig die Worte „richtig und falsch" oder „gut und schlecht", aber es gibt einen grundlegenden Unterschied zwischen dem, was jeder Einzelne für sich als richtig oder falsch einstuft, und der Gesetzesmäßigkeit, dass jede Tat eine Wirkung hat, die von keinem Richter beurteilt wird, sondern auf den universellen Gesetzen beruht.

In diesem Kapitel möchte ich dir mein persönliches Verständnis von Karma erklären: Ob es auch deiner Wahrheit entspricht, musst du selbst entscheiden.

Ich glaube, dass Karma jeden Tag spürbar ist.

Ich sehe Karma auch nicht als eine Art Konto, auf das ich einzahle und das irgendwann einen großen Batzen Zinsen ausschütten wird. Erst einmal glaube ich, dass alles im Leben zu einem zurückkommt. Das Leben findet viele unterschiedliche Wege dies zu verwirklichen.

Dazu möchte ich dir eine wahre Begebenheit erzählen: Nachdem ich einem Freund Geld geliehen hatte, führte Karma nicht dazu, dass dieselbe Person mir irgendwann die doppelte Summe wiedergegeben hätte. Der Freund war eigentlich keiner und ich habe das Geld nie wieder gesehen.

Ich glaube aber, dass Karma bedeutet, irgendwann ganz unverhofft eingeladen zu werden oder vielleicht auch einen 50€-Schein auf der Straße zu finden. Wer weiß das schon – zurückkommen wird es auf jeden Fall.

Oft sehen wir nur nicht die Zusammenhänge zwischen den Ereignissen und erwarten den Zahltag mit den Menschen, bei denen wir in Vorkasse getreten sind. Und ja, das darf und muss als Metapher verstanden werden. Jetzt kommt aber die Krux an der Sache: Eine gute Tat, die durch eine egoistische Motivation entstanden ist, indem wir zum Beispiel Geld verliehen haben, nur um den anderen in unserer Schuld zu halten, wird nicht dazu führen, dass wir reich beschenkt werden, sondern viel mehr dazu, den Mangel in uns weiter zu verstärken. Da ich das Geld in einer Zeit meines Lebens verliehen hatte, in der ich glaubte, selbst nicht genug zu haben und im Mangel zu leben, ist der Zahltag nicht wie erhofft eingetreten. Dann können wir lange darauf warten, dass wir endlich das bekommen, was wir unserer Meinung nach verdient haben. Geben wir dieser Person das Geld aber aus einem wohlwollendem Gefühl heraus, ohne eine Gegenleistung zu erwarten, wird das oben beschriebene Muster in Gang

gesetzt.
Wir brauchen nicht auf ein nächstes Leben zu warten.

Karma wirkt bereits im Hier und Jetzt.

Die Erziehung *unserer* Kinder

Es liegt nahe, dass ich mich beruflich sehr intensiv mit dem Thema Kindererziehung auseinandergesetzt habe. Ich werde hier keine Methoden vorstellen, welche sich in der Praxis durchgesetzt haben, sondern lediglich einen Vergleich aufstellen, der sich wunderbar auch auf das Miteinander zwischen uns Erwachsenen anwenden lässt.

Dieses Kapitel ist also nicht nur für Menschen gedacht, die mit Kindern in Kontakt kommen, sondern für alle. Ich finde es immer urkomisch, wenn jemand sagt, er könne mit Kindern nichts anfangen. Wer könnte sich besser in Kinder hineinversetzen als wir Erwachsenen, die wir selbst mal Kinder gewesen sind? Die Kinder sind schließlich nicht das Problem.

Letztendlich ist die Erziehung „unserer" Kinder gar nicht so ein großes Hexenwerk, wie viele Menschen vermuten. Natürlich gibt es nicht umsonst unzählige Ratgeber, ungebetene Tipps von Außenstehenden, Lehrern, Erziehern usw. Es ist elementar, die Vorgehensweisen in unserer Erziehung zu erforschen. Die Zukunft der Kinder ist von uns Erwachsenen abhängig. Ja, das ist ein verdammt hoher Anspruch, den man sich bewusst machen sollte. Der Erfolg der Erziehungsmaßnahmen hängt davon ab, wie wir unser eigenes Leben gestalten. Kinder sind Meister der Nachahmung und weil Kinder nun einmal hauptsächlich auf diese Weise lernen, wird das, was sie anfänglich nur kopiert haben, zu ihrer Persönlichkeit und Wahrheit. Dazu ist es vielleicht auch hilfreich zu wissen, dass Verhaltensweisen sich bis zum Schuleintritt bereits gefestigt haben. Wer also glaubt, dass das Kleinkindalter nicht so wichtig ist und das Kind auch später noch erzogen werden kann, irrt. Was bis zum Schuleintritt passiert, ist drin. Und wir wissen ja inzwischen schließlich, wie schwer es ist, als erwachsene Person gefestigte Muster und Glaubenssätze wieder loszuwerden.

Das wars eigentlich schon. Das ist das ganze Geheimnis.

Aber warum gelingt die Erziehung beispielsweise nicht? Warum tun sich viele so schwer damit?

Wir erwarten von unseren Kindern Dinge, die wir selbst nicht leisten. Kinder müssen immer „Bitte" und „Danke" sagen. Sie müssen sich an der frischen Luft bewegen, am besten in der Natur. Gesundes und reichhaltiges Essen ist essenziell. Kinder müssen auch immer früh genug ins Bett, weil sie genügend Schlaf benötigen, eine Struktur und feste Zeiten. Sie müssen jeden Tag lernen und Hausaufgaben machen. In einem Streit darf man nicht hauen und schreien. Sie dürfen andere Kinder nicht ärgern und schon gar nicht die Erwachsenen. Sie müssen ihre Zähne ordentlich putzen und sich richtig waschen. Wenn es draußen kalt ist, müssen sie sich dementsprechend kleiden.

Das ist nur eine kleine Liste der Dinge, die wir voraussetzen. Welcher Erwachsene tut das, was er von seinen Kindern erwartet? Und wenn ich gerade schon einmal dabei bin, gilt es sich diese Frage in allen zwischenmenschlichen Beziehungen zu stellen, bevor man jemandem einen Vorwurf macht.

Wer glaubt, dass Kinder weniger zu sagen haben als die Erwachsenen, liegt falsch. Die Zeiten haben sich zum Glück geändert.

Die Dinge, die ich aufgezählt habe, sind zwar sehr wichtig, aber das Ganze funktioniert nun mal nicht, wenn wir etwas ganz anderes vorleben. Kinder sind nicht dumm. Im Gegenteil, sie sind intelligenter als die meisten Erwachsenen. Kinder spüren Schwingungen. Kinder merken, wie Eltern sich streiten, dass Mama und Papa auch nicht immer eine Mütze anziehen, wenn es draußen kalt ist. Kinder wissen ganz genau, was um sie herum geschieht. Es ist unser Problem, dass wir das nicht anerkennen.

Kinder sind die Spiegel ihrer Eltern.

Es geht auch nicht darum „perfekt" zu sein. Nein. Es gilt, authentisch und transparent zu sein, sich auch als Elternteil mal entschuldigen zu können, zum Beispiel, wenn man den Partner unfair behandelt hat. Man muss sich auch bei seinen Kindern entschuldigen, ehrlich und offen erklären, dass Mama oder Papa einen schlechten Tag hatte und überreagiert hat. Das bedeutet auch, dass Kinder genauso wie wir Erwachsenen keine Roboter sind. Es kann nicht jeden Tag alles nach Plan laufen. Es muss einen Spielraum geben, in dem man sich bewegen kann. Nach ein oder zwei Ausnahmen von einer gewohnten Regel sollte man am nächsten Tag wieder an seinen Ritualen und Routinen anknüpfen. Schließlich wissen wir als Erwachsene auch, wie wichtig gewisse Strukturen für uns selbst sind. Letztendlich ist die Kommunikation das Entscheidende, um dann das eigene Verhalten seinen Aussagen anzupassen. Man bemerkt oftmals gar nicht, wie sehr man seine Kinder den ganzen Tag lang kritisiert. Wie würden wir reagieren, wenn jemand permanent an uns herumnörgelt? Wir würden wahrscheinlich lautstark protestieren und uns das nicht gefallen lassen. Von unseren Kindern erwarten wir alles nickend anzunehmen und auch fortgleich umzusetzen. Wir müssen in den Dialog gehen, zuhören und unsere Kinder auch mal zu Wort kommen lassen. Wir dürfen Kompromisse mit unseren Kindern eingehen und ein gutes Argument muss unbedingt gelten. Kinder haben nämlich oft die besten Argumente parat.

Um ein gutes Vorbild zu sein, muss man sich darüber bewusstwerden, welche Muster man nicht an seine eigenen Kinder weitertragen möchte. Wir müssen vorleben, was wir erwarten. Und vor allem müssen wir uns um uns selbst kümmern, wie wir uns um unsere Kinder sorgen. Warum möchten wir, dass unsere Kinder viel Zeit an der frischen Luft verbringen, wenig fernsehen, soziale Kontakte pflegen, ausreichend trinken, nicht so viele Süßigkeiten naschen und genügend Schlaf bekommen? Die Gründe liegen auf der Hand. Es ist gut für sie. Es gibt allerdings keinen Unterschied zwischen Kindern und Erwachsenen. Die Bedürfnisse ändern sich nicht. Irgendwann beginnen wir einfach nur damit, immer häufiger unsere Grenzen zu überschreiten, bis die Erfüllung unserer Grundbedürfnisse zunehmend auf der Strecke bleibt.

Ein anschauliches Beispiel zu den oben genannten Grundbedürfnissen ist auch körperliche und emotionale Nähe. Im besten

Fall geben wir unseren Kindern viele Kuscheleinheiten und emotionalen Zuspruch und das ab dem Säuglingsalter. Warum hören wir irgendwann damit auf? Auch diese Bedürfnisse ändern sich nicht. Liebe ist nichts, was mit der Zeit nachlässt oder weniger zum Ausdruck gebracht werden sollte.

Liebe lässt nach, wenn wir den Ausdruck der Liebe vernachlässigen.

Dies gilt nicht nur für die Kindererziehung, sondern auch für eine Ehe oder Freundschaft. Selbst im Job gelten die gleichen Regeln. Wer selten anerkannt und wertgeschätzt wird, wird unzufrieden und beendet irgendwann die „Zusammenarbeit", wohingegen Kinder eine sehr lange Zeit von den Erwachsenen abhängig sind und gar keine Wahl haben. Daher ist es wohl überflüssig zu sagen, wie wichtig es ist, sich dieser Verantwortung bewusst zu werden und diese letztendlich auch zu übernehmen.

Eltern können die Erziehung ihrer Kinder ausgelassener und liebevoller gestalten, wenn sie vorher gut für sich selbst gesorgt haben. Selbstliebe und Selbstfürsorge hören nicht auf, auch nicht, wenn man Kinder bekommt. Oftmals merken Eltern zu spät, dass sie sich komplett verausgabt haben und ihre Kraftreserven aufgebraucht sind. Das ist nicht die Schuld der Kinder. Um gute Beziehungen zu führen – und dazu zählen eben auch Eltern-Kind-Bindungen – ist es wichtig, sich nicht selbst immer außen vor zu lassen. Das dürfen und sollten auch Kinder wissen. Mama und Papa sind auch wichtig, haben Interessen, Bedürfnisse usw. Es ist nur eine Frage der Vorgehensweise und des Ausmaßes.

Jeder in der Familie ist gleichberechtigt, zu jeder Zeit.

Wo Farben und Gefühle verschmelzen

Die Überschrift lässt Spielraum für Interpretationen und das ist auch gut so. Denn Farben und Gefühle besitzen diesen Spielraum ebenfalls. Es ist nach wie vor umstritten, wie viele Grundgefühle es tatsächlich gibt. Ich beschränke mich daher auf die vier, die immer wieder genannt werden:

1. **Traurigkeit**
2. **Wut**
3. **Angst**
4. **Freude**

Diese Reduzierung schien mir im ersten Augenblick so simpel, dass es unserer komplizierten Gefühlswelt überhaupt nicht gerecht werden konnte. Was mir dabei ebenfalls sofort ins Auge fiel, waren die negativen Grundgefühle, die doch deutlich in der Überzahl waren. Das klang zunächst einmal ziemlich ungerecht. Dieses 3:1-Verhältnis schien mir die Erklärung zu sein, warum es uns Menschen so schwerfällt, uns auf das Positive im Leben zu fokussieren.

Bei genauerem Hinsehen ist es aber wohl ganz anders. Ich möchte hierzu einen direkten Vergleich zu unseren Grundfarben herstellen.

Es gibt keine schönen oder hässlichen Farben. Es gibt eigentlich nicht einmal wirklich Farben, nur elektromagnetische Strahlungen, deren sichtbarer Anteil als Licht bezeichnet wird. Über unsere Netzhaut und die darauf liegenden Sinneszellen können wir drei Farben zuordnen, die ihr Empfindlichkeitsmaxium in den Bereichen Rot, Grün und Blau haben. Je nachdem, wie das Licht fällt, entstehen die Farben, die wir sehen. Im Umkehrschluss bedeutet das, dass dieser Mechanismus rein subjektiv ist. Jeder nimmt Farben individuell wahr. Aus unseren Grundfarben (auch hier scheiden sich die Geister) entstehen alle anderen Farben, die wir sehen. Genauso ist es mit unseren Grundgefühlen, in denen alle anderen bekannten Gefühle ihren Ursprung finden. Es sind nicht unsere Gefühle, die schlecht sind. Das Problem liegt darin, dass wir ihnen einen negativen Stempel verpasst haben und mit ihnen umgehen als wären sie unsere Gegner. Dabei ist es unsere subjektive Einschätzung.

Wir nehmen unsere Gefühle nicht als das an, was sie sind, nämlich vorübergehende Zustände. Gefühle kommen und gehen. Wir hängen nur viel zu oft in unseren Emotionen fest. Unser Anspruch sollte es nicht sein, nur noch die Freude als Grundgefühl anzunehmen oder als Ziel anzuvisieren. Jedes Gefühl hat seine Berechtigung und jede Emotion muss gelebt werden. Erst, wenn wir das tun, verschwinden auch die „negativen" Gefühle wieder. Die Trauer wird nicht vergehen, nur weil du gerade nicht traurig sein willst. Sie wird nur größer und irgendwann als stärkstes Gefühl in dir herrschen. Um dies zu vermeiden, ist es auch notwendig, sich nicht selbst für das, was man fühlt, zu verurteilen. Gefühle brauchen Platz, sehr viel Platz.

Jeder Mensch hat Gefühle in sich, die besonders häufig zum Vorschein kommen. Bei mir war es zum Beispiel die Angst. Die Angst kommt oft in Verbindung mit Scham in mir auf, was eine ziemlich miese Kombination ist. Die Angst und die Scham führten dazu, dass ich aufgehört habe, gewisse Dinge zu tun. Dadurch konnte ich diese Gefühle niemals ablegen. Natürlich gibt es da auch die tatsächliche Angst, in einer lebensbedrohlichen Situation, die uns dienlich ist. Aber seien wir mal ehrlich: wir sind nicht mehr in der Steinzeit und unser eigentlich perfekt funktionierender Urinstinkt hat ungemeine Ausmaße angenommen.

Zu Beginn des Lebens bist du erst einmal völlig frei – frei in deinen Gedanken, frei in deinen Handlungen, frei in der Liebe, die du empfindest. Du wirst älter und verlierst die Freiheit auf deinem Weg. Freiheit bedeutet nun Verantwortung, Angst ersetzt Vertrauen. Du verlernst all das, was du instinktiv richtig gemacht hast, weil du aufgehört hast daran zu glauben, dass du ein wunderbares Wesen bist. Du gibst die Kontrolle über dein Leben ab. Auch wenn wir alle denken, wir hätten die Kontrolle über uns selbst, haben die meisten Menschen sie doch auf ihrem Weg verloren. Deshalb versuchen wir, unseren inneren Kontrollverlust im Außen wieder herzustellen. Wir wollen Sicherheit und Kontrolle durch einen festen Partner, einen festen Job, ein geregeltes Einkommen, ein aufgeräumtes zu Hause und so weiter. Doch die Wahrheit ist, dass wir dadurch die Kontrolle nicht wieder erlangen können, wir haben sie nur auf weitere Hände verteilt.

Wenn sich etwas verändert, musst du dich verändern.
Wenn sich etwas ändern soll, musst du anfangen dich zu
ändern.

Hinter der Angst steckt immer nur eine schmerzhafte Erfahrung, meistens nur eine einzige. Angst lässt dich glauben, dass sie nur existiert, um dich zu beschützen. Sie spielt dir etwas vor, damit sie weiter in dir wüten kann. Könntest du frei von deinen Ängsten Entscheidungen treffen, würdest du bemerken, dass die Angst nicht der Wegweiser ist, dem du vertrauen solltest. Sie existiert nur, solange du ihr Glauben schenkst.

Du fühlst dich verloren, bis du dich deinen Ängsten stellst, um dann zu bemerken, dass nur die Angst vor der Angst dich gelähmt hat. Dies bedeutet natürlich nicht, dass ich keine Angst mehr verspüre, aber sie beeinträchtigt nicht mehr die Art und Weise, wie ich mein Leben gestalte.

Außer der Angst, war auch die Traurigkeit viele Jahre mein Begleiter. Die Trauer findet natürlich immer noch ihren Weg zu mir, aber sie schleicht sich nicht mehr von hinten an mich heran oder versteckt sich hinter einer anderen Emotion. Nein, sie klopft regelrecht an die Tür und ich heiße sie willkommen. Traurig zu sein, empfinde ich inzwischen mehr als nur in Ordnung und eben auch manchmal notwendig. Die Veränderung meiner Bewertung ist dafür verantwortlich gewesen, wie ich mit diesem Gefühl umgehe und wie sich das Gefühl mir gegenüber verhält. Ich kann das

Gefühl der Traurigkeit auch gleich als solches identifizieren. Dies ist ein nicht zu unterschätzender Faktor und war nicht immer so. Übergeht man ein Gefühl zu oft, kann sich dieses verwandeln. Dann kann die Traurigkeit zu Wut werden, die Unsicherheit zu Scham, die Angst zu Eifersucht.

Um seine Gefühle letztendlich verstehen zu können, sollte man sich die Frage stellen: „Wie äußert sich dieses Gefühl für mich?" Im nächsten Schritt ist es wichtig, Wege zu finden, um seinen Gefühlen Ausdruck zu verleihen, ohne dabei sich selbst oder andere Menschen zu verletzen. Auch, wenn jedes Gefühl seine Berechtigung hat, bedeutet das nicht, dass jemand außer einem selbst die Verantwortung dafür übernehmen sollte. Natürlich dürfen die Menschen um einen herum spüren, wie man sich fühlt. Aber nicht, in dem man sie es im wahrsten Sinne spüren lässt. Man kann jemandem mitteilen, dass man sich verletzt fühlt, ohne gleich selbst verletzend zu werden. Das passiert leider viel zu häufig.

Wenn man in der Lage dazu ist, die eigenen Gefühle gleich zu erkennen, wenn sie in einem aufkommen, schleppt man sie auch nicht allzu lange mit sich herum. Das wird immer dann deutlich, wenn man aufgestaute Wut an den Menschen auslässt, die einem am nächsten stehen oder irgendeine Situation hervorkramt, die bereits weit in der Vergangenheit liegt. Die Liebsten können weder etwas dafür, noch ist es die Lösung negative Energie auf andere zu projizieren, abzuladen und somit weiterzugeben.

Damit ist niemandem geholfen und der eigener Schmerz wird dadurch nicht geringer.

Jede Emotion anzunehmen ist für mich das Patentrezept des Glücklichseins. Das ist auch der Grund, warum Kinder glücklich sind. Sie nehmen sich selbst an, wie sie sind. Kinder können sich schreiend auf den Boden werfen, wenn sie wütend sind und gleichzeitig stundenlang in einer Pfütze herumspringen, wenn sie fröhlich sind. Kinder machen uns nichts vor und in aller erster Linie machen sie sich selbst nichts vor. Sie zeigen, was sie empfinden. Kinder sind genauso oft traurig und wütend, aber das ändert nichts an ihrer überwiegend glücklichen Grundhaltung. Kinder können ihre Gefühle empfinden, annehmen und zum Ausdruck bringen. Sie hängen nicht in alten Gefühlen fest. Das ist das Geheimnis. Sie leben jeden einzelnen Moment.

Wenn sich die eigenen Gefühle nicht kongruent zu unserem Verhalten äußern dürfen, entsteht die sogenannte „emotionale Dissonanz". Das bedeutet, dass sich Gefühle und Verhalten nicht im Einklang miteinander befinden. Genau diese Tatsache führt zu Stress und wenn wir nicht lernen, die eigene emotionale Dissonanz wahrzunehmen, wann immer sie eintritt, und so oft wie möglich umzuwandeln, werden wir krank. Natürlich können wir in manchen Situationen nicht tun und sagen, was wir fühlen, aber wir können unsere Gefühle immer wahrnehmen und uns im Anschluss daran gezielte Methoden überlegen, diese Empfindungen zu- und herauszulassen. Dies könnte zum Beispiel beim

Sport passieren, wenn wir uns all unserer negativen Gefühle bewusstwerden und diese dann auch in uns abtrainieren.

Gefühle sind nicht dazu da, dir im Weg zu stehen. Sie
dienen dazu, dir den Weg zu zeigen.

Das Glückslevel

Dein Glückslevel ist von verschiedenen Faktoren abhängig. Nicht alle davon, wie etwa die äußeren Einflüsse oder die genetischen Faktoren, kannst du beeinflussen, aber einen nicht zu unterschätzenden Anteil eben schon.

Du lernst in deinen Kindheitstagen wie glücklich, selbstwirksam und zufrieden du in deinem Leben sein darfst. Diese Ausrichtung findet in unterschiedlichen Lebensbereichen statt. Wird dir als Kind suggeriert, dass du nichts gut genug machst, nicht gut genug bist, dass du zu den Verlierern anstatt zu den Gewinnern zählst, wirst du später in der Schule und im Berufsleben große Schwierigkeiten haben. Alles in dir wurde auf „Versagen" programmiert. Das bedeutet, dass du, solange du diesen Vorgang nicht durchschaust und gezielt unterbrichst, überhaupt keine Chance hast, erfolgreich zu werden. Wirst du in einem Mangel aus körperlicher und emotionaler Liebe erzogen, wirst du entweder all deine Beziehungen sabotieren, sodass sie in dein vorgefertigtes Bild passen oder dir einen Menschen suchen, der genau diese vertrauten Gefühle in dir weiterhin verstärken wird. Ein vertrautes Gefühl bedeutet nämlich nicht zwangsläufig, dass es sich hierbei auch um ein gutes Gefühl handelt. Wurdest du als Kind dazu angehalten zu funktionieren, dich anzupassen, um liebenswert zu sein, anstatt dich frei entfalten zu können, ist dein Glücks-Level wahrscheinlich sehr niedrig und du wirst sicherlich nicht den Aufgaben nachgehen, die dich wirklich erfüllen.

Aber was heißt das nun genau? Begegnet dir zum Beispiel ein toller Partner oder eine tolle Partnerin, wirst du dich selbst und somit eure Beziehung unbewusst manipulieren und entweder verlassen werden oder selbst derjenige sein, der den vermeintlichen Traumpartner verlässt, weil du es nicht aushalten kannst, dass du glücklich bist. Es kann aber auch sein, dass du dir einen Partner suchst, der die vorhandenen Gefühle in dir verstärkt.

Du wirst deine Wahl immer begründen können oder diese Erfahrung in die Kategorie „immer passiert mir so etwas" einordnen. Wenn dir aber immer wieder dasselbe widerfährt, ist das ein eindeutiger Hinweis dafür, dass es nicht die anderen in der Hand haben, sondern du selbst. Dein programmiertes Glückslevel bringt dich dazu, ganz gezielt nach Dingen zu suchen, die dich herunterziehen, um auf dein Ursprungslevel zurückzukehren.

Es ist also ein bisschen wie in einem Videospiel. Du musst über dich hinauswachsen. Das gelingt dir nur, indem du es so lange versuchst, bis es funktioniert. Vielleicht fliegst du die erste Zeit immer wieder im selben Level an derselben Stelle heraus, aber irgendwann stehst du vor dem Endgegner, der im Übrigen du selbst bist. Dieser Endgegner verkörpert den manipulativen Anteil in dir, der dir sagt, dass du etwas nicht verdient hast, nicht kannst oder nicht sein darfst. Du kannst dein Glückslevel neu programmieren und endlich glücklich werden.

Es geht darum,

die Schranken in dir aufzubrechen,

deine eigene harte Schale

zu knacken,

um wieder weich und empfänglich

für das Leben

zu werden.

Ein Augenblick der Geduld

„Ein Augenblick der Geduld kann vor großem Unheil bewahren, ein Augenblick der Ungeduld ein ganzes Leben zerstören."

(Chinesische Weisheit)

Das mit der Geduld ist so eine Sache. Ich musste in den letzten Jahren lernen, mit vielen Gegebenheiten erst einmal auszukommen, auf die ich keinen direkten Einfluss nehmen konnte. Dazu eignet sich die Entstehung des eigenen Buches auch wunderbar. Denn die Geduld kommt immer dann ins Spiel, wenn man nicht allein für eine Angelegenheit verantwortlich ist und die Kontrolle auch mal abgeben muss. Ich musste nicht nur lernen abzuwarten, sondern auch, dass mich vorschnelles Handeln nicht nur nicht schneller zu meinem Ziel bringt, sondern mich sogar noch weiter von ihm entfernt.

Ich befürchte auch, dass Ungeduld ein kollektives Problem ist. Ich bin mir nicht sicher, woher das (Ab-)Warten seine negative Bedeutung hat. Aber bei einer Sache bin ich mir ziemlich sicher, nämlich, dass Geduld noch nie Schaden angerichtet hat.

Es gibt allerdings einen grundlegenden Unterschied zwischen dem, was Geduld wirklich ist, und dem, was manche als Geduld bezeichnen. Geduld ist nicht mit Trägheit zu verwechseln. Du bist nicht geduldig, wenn du die zweite und dritte Chance einfach nicht ergreifst. Geduld bedeutet auch nicht, jahrelang mit einer ungeliebten Situation oder einem ungewünschten Umstand zu leben.

„Leidensfähigkeit ist keine Leistung."

(Neon-Magazin: „Gehen oder Bleiben?", Ausgabe 06/2017)

Geduld bedeutet für mich, in heiklen Situationen, in schwierigen Phasen, bei ungeklärten Fragen, erst einmal Ruhe zu bewahren. Dazu bedarf es der Fähigkeit, Umstände aushalten zu können. Der Rat, erst einmal eine Nacht über etwas zu schlafen, da am nächsten Morgen die Welt wieder ganz anders aussehen kann, kommt nicht von ungefähr. Das liegt daran, dass du in Zeiten der Unruhe emotional gefangen bist und nur eine einzige Sichtweise einnehmen kannst. Du verharrst in einer oder mehreren Emotionen und bist nicht mehr in der Lage dazu klar zu denken. Lass dir Zeit für deine Entscheidungen, überdenke deine Gedanken und egal, welches Problem du hast, schlaf eine Nacht darüber. Dann kannst du die Angelegenheit immer noch klären.

Ich weiß, dass das verdammt schwer auszuhalten ist, weil es sich in diesen Momenten anfühlt, als hättest du eine Käseglocke über dir, die dazu führt, dass du nicht mehr richtig sehen, hören und atmen kannst. Dein Wunsch ist es, diesen emotionalen Zustand so schnell wie möglich aufzulösen. Dabei gehst du davon aus, dass die Person oder die Sache, die diese Gefühle hervorgerufen hat, deinen psychischen und physischen Schmerz auch wieder aufheben soll. Das ist ein großer Irrtum mit sehr schädlichen Folgen. Du kannst einzig und allein etwas an deinem inneren Zustand ändern.

Das Problem ist, dass sich deine Ungeduld nicht dauerhaft aufheben lässt, sondern sich meistens nur verschlimmert, wenn du sie zu umgehen versuchst. Denn es kommen andere Situationen, andere Menschen, andere Lebensumstände, die dich immer wieder an deine emotionalen Grenzen bringen werden. Du kannst nicht erwarten, dass die ganze Welt sich nach deinem Erwartungsdenken entsprechend dreht. Du kannst nur eine Sache ändern: Dein Bewertungssystem.

Du bist nicht deine Gedanken. Deine Gedanken sprechen nicht immer die Wahrheit.

Und vor allem bist du nicht das Opfer deiner Gedanken.

Geduld zu haben, ist etwas, was man lernen sollte. Noch wichtiger ist es jedoch zu lernen, wie man in Zeiten der Unruhe seine Gefühle kanalisiert. Was kann man tun, wenn man so wütend ist, dass man jemanden gleich zur Rede stellen möchte, oder einfach keinen Einfluss darauf nehmen kann, wann man die erhoffte Nachricht erhält?

Egal, was dich entspannen lässt (und nein, bitte nichts Illegales oder Schädliches), mach es! Finde etwas, was dich zur Ruhe bringt, und gönn dir und deinen Gefühlen eine Pause. Ich verspreche dir, dass dir mit diesem Vorgehen viele Probleme gar nicht mehr so schlimm erscheinen werden.

Hier findest du eine kleine Liste mit möglichen Alternativen, um in Zeiten der inneren Unruhe zur Ruhe zu kommen:

- Atme.
  (Durch die Nase ein und durch den Mund wieder aus!)

- Drehe deinen Lieblingssong laut auf.
  (Und tanze dazu!)

- Gönne dir ein heißes Bad oder eine heiße Dusche.
  (Wechselduschen eignen sich auch hervorragend, um das Gemüt zu beruhigen!)

- Schreibe es dir von der Seele.
  (Alle Gedanken dürfen aufgeschrieben werden!)

- Lausche einem Podcast oder Hörbuch.

- Lese ein Buch, das du schon immer lesen wolltest.

- Schließe die Augen und begib dich auf eine Phantasie reise deiner Wahl.

- Koche dir selbst dein Lieblingsgericht.
  (Und konzentriere dich auf jeden einzelnen Bissen!)

- Lüfte deine Wohnung und genieße die frische Luft.

- Rede mit einem Freund oder einer Freundin.

  (Gefühle mit deinen Liebsten zu teilen, stärkt das Gefühl der Zugehörigkeit und Nähe!)

- Bewege dich.

  (Körperliche Betätigung bringt auch den Geist zur Ruhe!)

- Gehe in die Natur und genieße ein Waldbad.

  (Die Natur kann Wunder bewirken!)

- Schließe die Augen und benutze andere Sinne, um deine Umgebung wahrzunehmen und deine Perspektive zu ändern.

- Entrümpele eine Kiste oder Ecke deiner Wohnung.

  (Im Außen zu entrümpeln, schafft auch im Innen Ordnung)

Und nun gönn deinen Gefühlen und Gedanken eine kleine Auszeit!

Die Eins(amkeit)

Jeder kennt sie. Jeder weiß, wie allumfassend sie sich anfühlt. Jeder hat sie schon mindestens einmal in seinem Leben gespürt: Die Einsamkeit. Obwohl man nicht wirklich allein war oder ist. Obwohl das Leben prall gefüllt ist mit zwischenmenschlichen Beziehungen. Wir haben Freunde, eine Familie, einen Partner oder Kinder oder vielleicht auch alles zusammen. Der ganze Alltag wird von Menschen begleitet. Sie begegnen uns überall. Aber manchmal ist das Gefühl der Einsamkeit genau dann am stärksten.

Früher wusste ich noch nicht, weswegen es so wichtig ist, dieses Gefühl des All-ein(s)-seins zu spüren. Um das Gefühl auflösen zu können, muss man zunächst verstehen, dass die Einsamkeit unabhängig von allen äußeren Umständen existiert.

Wir erhoffen uns, dass jemand die innere Leere in uns füllt. Allerdings kann diese Leere jeder nur für sich selbst im Alleinsein überwinden.

Manchmal glauben die Menschen, dass sie dieses Gefühl durch ein Haustier, einen Partner oder eigene Kinder auflösen können.

Anfänglich fühlt es sich an, als ob jemand anderes einen selbst vervollständigen könnte.

Ich weiß, dass das ziemlich hart klingt, aber so ehrlich muss man zu sich selbst sein: Das ist nichts anderes als ein egoistisches Bedürfnis. Man möchte Liebe geben, um diese Liebe auch zu erhalten. Gerade Kinder und Haustiere sind auf das „Geben" fokussiert, weshalb sie oftmals der eigenen Bedürfnisbefriedigung dienen. Es ist nichts Verwerfliches daran, den Wunsch zu hegen, geliebt zu werden. Das Schwierige daran ist, dass man sich selbst nicht liebt, dass man sich nicht genug ist, dass man glaubt, nicht auszureichen. Oftmals sucht man dann nach einer neuen Erfüllung, einer neuen Beziehung, bekommt ein zweites Kind, wenn das erste seinen eigenen Willen entwickelt hat und somit die eigenen Bedürfnisse nicht mehr erfüllt werden. Die Entscheidungen, die man in den Momenten der Einsamkeit treffen möchte, sind nicht die, denen man vertrauen sollte. Die Einsamkeit ist nicht der Wegweiser, um weiterhin im Außen danach zu suchen, was einen selbst vervollständigen könnte. Die Einsamkeit ist ein Gefühlszustand, der nur aufzulösen ist, indem man den Blick nach innen richtet.

Das heißt im Umkehrschluss nicht, dass man allein bleiben soll. Im Gegenteil – wir müssen in Beziehungen zueinander leben.

Die wichtigste Beziehung aber ist die zu dir selbst.

Oft wird dieses Gefühl der Einsamkeit mit Süchten jeglicher Art zu kompensieren versucht. Es kann sich durch den Wunsch nach Zucker, Konsum, Drogen, Alkohol, Fernsehen, Ordnung usw. äußern. Letztendlich sind es Kompensierungsmechanismen, die niemals die eigene innere Leere füllen können. Irgendwann ist man gefangen in diesem Kreislauf und getrieben von all den Süchten, Pflichten und Zwängen, die man sich selbst auferlegt hat. Das mit der Abhängigkeit funktioniert mehr oder weniger langfristig. Das Problem ist, dass man keinen blassen Schimmer davon hat, ab welchem Zeitpunkt das eigene Verhalten zu einer Sucht geworden ist. Man hat schlicht und ergreifend einfach verpasst, vom fahrenden Zug zu springen.

In „Sucht" steckt auch das Wort „suchen".

Du glaubst, dass das, was du suchst, im Außen zu finden ist. Doch genau das ist deine manipulative Seite, denn all das, wonach du suchst, ist nur in dir zu finden und das immer und ausschließlich.

Du brauchst eine innere Stabilität, einen Ort in dir, an dem du zur Ruhe und ankommen kannst, gerade dann, wenn das Leben kompliziert ist. Nur du bist dazu in der Lage, diesen Ort in dir zu kreieren und an diesem Ort Frieden zu finden. Wenn du diesen Frieden gefunden hast, kann es im Außen nichts geben, was du nicht aushalten kannst. Du kannst ins Wanken geraten, stagnieren, stehen bleiben oder rückwärts gehen, aber du wirst immer wieder stark genug sein, um zu dir selbst zurückzukehren.

Wir alle sind aus einer einzigen Zelle entstanden. Wenn du diesen Aspekt berücksichtigst, wird dir klar, dass du nie wirklich allein warst. Alles um dich herum ist miteinander verbunden. Die Einsamkeit gibt dir die Chance, genau das anzuerkennen und dich wieder mit allem zu verbinden – und das nicht äußerlich.

Das Gefühl der Einsamkeit kann dich zwei Dinge lehren:

1. Dir selbst zu genügen

2. Dich als Teil des großen Ganzen wahrzunehmen.

Sei bereit, dich der Eins(amkeit) zu stellen, um zurück zu dir zu finden.

Das Gefühl des Alleinseins dient dazu,

immer wieder zu uns selbst zu finden,

den Ort in uns

mit Lampions und Lichterketten zu schmücken,

die Musik laut aufzudrehen,

um dann in uns ein großes Fest für uns selbst

und das Leben zu feiern.

Und wenn wir dann bemerken,

dass wir alle sowieso

ein Teil des Universums sind,

wird uns klar,

dass wir nie wirklich allein waren.

Kleinigkeiten machen uns groß

Sich (wieder) auf die Kleinigkeiten im Leben zu besinnen, geht in einem hektischen Alltag oft verloren. Wir sehen nicht mehr, was gut läuft, sondern nur noch die Dinge, die nicht funktionieren. Wir erfreuen uns nicht mehr an dem Sonnenaufgang, der einen neuen Tag begrüßt, sondern hoffen nur, dass der Tag nicht zu schnell an uns vorbeizieht, um all die Punkte auf unserer To-do-Liste abarbeiten zu können. Dabei sind es die Kleinigkeiten, die nicht nur einen Tag, sondern auch einen Menschen zu etwas Besonderem werden lassen. Es sind die kleinen Unterschiede, die jeden Menschen einzigartig machen.

Es sind nicht der teure Urlaub mit Infinity-Pool und der coolen Clique, mit der du abhängst. Es sind vielleicht „nur" der Klappstuhl im Garten und ein gutes Gespräch mit einem Freund.

Es sind nicht der bestbezahlte Job und die Dankesrede vor der gesamten Belegschaft. Es sind vielleicht „nur" die Teilzeitstelle und die Traurede für deine Schwester.

Es sind nicht der teure Tiffany-Ring und ein Heiratsantrag auf der Stadionleinwand vor hunderttausend Zuschauern. Es sind vielleicht „nur" ein paar schöne Worte und ein Antrag auf der Couch.

Es sind nicht das Studium, das dir deine Eltern finanzieren und ein Doktortitel. Es sind vielleicht „nur" der Zuspruch deiner Freunde und die Position im Personalrat.

Dieses „nur" macht das Leben lebenswert. Dieses „nur" ist das große Ganze, auf das es eigentlich ankommt. Du solltest dein Leben so gestalten, dass dieses „nur" nicht allzu oft in

Vergessenheit gerät. Dies gilt im Übrigen für zwischenmenschliche Beziehungen jeder Art. Wer nicht wertschätzt, was ein Freund, der Partner, der Bruder, die Mutter, eine Arbeitskollegin in die Beziehung einbringt, läuft Gefahr, dass die Beziehung sich dem Ende zuneigt. Kleinigkeiten stärken eine Bindung zwischen zwei Menschen. Wenn du nicht in der Lage dazu bist, die Details wahrzunehmen und ihnen die Anerkennung zu schenken, die sie verdienen, bist du auch nicht bereit für die großen Wunder. Sie erreichen dich vielleicht, doch du bleibst stumm neben ihnen und die Leere in deinem Herzen wird sich nur weiter ausbreiten.

welche **Kleinigkeiten** machen dich **groß**?

117

Einzig-Artig

Ich beobachte viele Menschen dabei, wie starr und unflexibel sie in ihren Gedanken, Worten und Taten geworden sind – dass Akzeptanz immer noch viel zu selten existiert.

Wenn man bereit ist, seine Sicht der Dinge kurz abzulegen, ist man in der Lage dazu, die einzelnen Aspekte einer Sache klar und unabhängig voneinander zu betrachten. Man ist nun dazu fähig, für jemand anderen Verständnis aufzubringen, den Fokus auf die Geschichte, die (Teil-)Aspekte und die Gründe, aus denen jemand handelt, zu lenken. Viel zu oft ist man nur mit dem eigenen Blickwinkel, der eigenen Einstellung und Meinung beschäftigt. Man möchte vor anderen seine Individualität hervorheben. Ständig geht es darum, was einen von dem Rest der Masse abhebt, warum man besonders ist.

Es gibt jeden Menschen nur ein einziges Mal auf der Welt. Obwohl wir alle ähnliche Abläufe, Mechanismen, Fähigkeiten und Gefühle besitzen, gibt es doch niemand anderen, der so ist wie du. Das ist eine Tatsache, die uns erst einmal sehr gefallen müsste. Wir alle streben nach Einzigartigkeit, wollen etwas Besonderes sein, um Anerkennung und Wertschätzung zu finden.

Das Universum hat sich etwas Großartiges einfallen lassen: Wir alle sind es schon, von Geburt an: Einzigartig. Folglich muss niemand etwas leisten, um geliebt, wertgeschätzt, gesehen und geachtet zu werden. Dennoch streben wir alle nach Leistung und Perfektion und grenzen uns dadurch von allen anderen ab, wir grenzen uns nicht nur ab, dadurch erheben wir uns sogar über andere. Dabei ist dieses Verlangen und Streben sinnlos. Wir alle sind einzigartig.

Es geht darum, alle Menschen mit ihren Ansichten, Geschichten, Erfahrungswerten, persönlichen Bedürfnissen oder Einschränkungen jeglicher Art anzunehmen und zu akzeptieren. Wieso fällt es uns so leicht, anderen zu verwehren, was wir selbst gerne erhalten möchten? Auch ich stehe oft noch vor einer persönlichen Grenze, weil wir Menschen den Drang besitzen, andere zu überzeugen, umzupolen, so zu verändern, dass sie unseren Glaubenssätzen, Werten und Vorstellungen entsprechen. Aber Druck erzeugt nicht den gewünschten Zustand, sondern lediglich Gegendruck.

Ich wünsche mir, dass wir in der Einzigartigkeit jedes Einzelnen eine Chance entdecken, eine Bereicherung – etwas, das es zu nutzen gilt. Vielleicht würden wir genau dann anfangen, nur noch uns selbst zu verändern und nicht alle anderen um uns herum verändern zu wollen.

Du kannst niemanden verurteilen, weil du nicht in seinen Schuhen steckst. Du hast nicht die DNA des anderen, du hast nicht seine Erfahrungen gemacht, du bist nicht in seiner Familie aufgewachsen – du lebst nicht sein Leben. Deshalb zeigst du mit jeder Verurteilung nur auf dich selbst. Schubladendenken ist in uns vorprogrammiert. So musste das Gehirn in der Vergangenheit blitzschnell in einer Gefahrensituation entscheiden, ob der Körper in den Kampf-, Flucht- oder Freezemodus schalten musste. Der Kampfmodus bedeutet, dass du in die Offensive gehst, und dient damit deiner direkten Verteidigung. Der

Fluchtmodus führt dazu, dass du aus einer Situation fliehst und dich der Konfrontation entziehst. Im Freezemodus stellst du dich tot, um in einer Situation auszuharren, bis diese vorüber ist. Dieser Urinstinkt ist prinzipiell zwar überlebensnotwendig, doch dient er nicht mehr unserer Sicherheit und unserem Überleben, sondern der Schwächung unseres Systems. Wir können diesen Prozess eindämmen und uns nach jeder Bewertung die Frage stellen, ob es überhaupt notwendig ist, ein Urteil zu fällen oder wir uns nur selbst in unserer Einzigartigkeit weiter erheben wollen.

Du bist einzigartig und das wirst du auch immer bleiben. Mach dir keine Sorgen darüber, wie du diese Einzigartigkeit erhältst, kümmere dich darum, andere in ihrer Einzigartigkeit zu bestärken. Beginne damit, dich von Herzen für andere zu freuen, ihre Erfolge mitzufeiern und ihre Einzigartigkeit anzuerkennen, und diese Gefühle werden automatisch zu dir zurückkehren.

Was bedeutet Ehrlichkeit?
Kann man ehrlich zu anderen,
aber nicht ehrlich zu sich selbst sein?
Wenn jeder ehrlich sagen würde,
was er von sich selbst halte,
wären wir nicht mehr so alleine –
dann wären wir alle Seelen,
die das gleiche teilen,
doch nie gelernt haben, wie es ist,
erstmal ehrlich zu sich selbst zu sein.
Wenn wir die Waffen,
mit denen wir uns selbst bekriegen,
niederlegen,
wäre dahinter keine Schwäche,
sondern nur wahre Stärke zu sehen.

(Hoch-)Sensibelchen

Inzwischen glaube ich daran, dass Hochsensibilität immer stärker vertreten ist, was für mich zum größten Teil daran liegt, dass wir in einer völlig reizüberfluteten Welt leben. Auch ich zähle mich zu der Gruppe der Hochsensiblen. Schon als Kind konnte ich nur schlafen, wenn jeder noch so kleine Lichteinschlag verdunkelt war. Auch während eines Hörspieles schlief ich partout nicht ein. Ich wartete, bis es vorbei war, um endlich Ruhe finden zu können. Das ist heute immer noch so. Ich kann weder bei Licht noch bei Geräuschen jeglicher Art schlafen. Auch nicht nachmittags auf der Couch mit laufendem TV. Es macht mich nervös. Ich nehme viel mehr Geräusche bewusst wahr als meine Mitmenschen. Das Knacken des Kühlschrankes oder das Pfeifen des Nachbarn trieb mich schon gelegentlich an meine Grenzen. Einmal musste ich sogar aus einer Wohnung ausziehen, weil die alte Dame unter mir schlecht hörte und das Fernsehprogramm bis in meine vier Wände hallte. Auch diese Tatsache, dass ich einfach mehr Reize ungefiltert aufnehme, war etwas, das ich erst sehr spät erkannte.

Zuerst haben mir Menschen, die eben nicht so empfinden wie ich, suggeriert, dass das nicht sein kann, dass es so nicht sein darf und etwas mit mir nicht stimmen würde. Den meisten fällt es schwer, sich in andere hineinzuversetzen, wenn sie nicht die exakt gleiche Auffassung von einer Sache besitzen. Man ist zu empfindlich, nicht stressresistent genug, zu kleinlich, zu sensibel – einfach nicht hart genug für diese Welt. Dabei empfinde ich gerade meine Hochsensibilität als Panzer, der mich schützt und mir aufzeigt, wenn etwas zu viel ist, egal was es ist. Meine Hochsensibilität dient aber nicht nur als Panzer, sondern sie ist auch eine Begabung. Hochsensible Menschen können durch ihre Wahrnehmungen Energien aufzeigen, die sonst verborgen blieben und somit Menschen helfen zu heilen.

Mein Ziel ist es nicht mehr, all die Geräusche, die sich ab einem gewissen Grad wie ein einzig endloses Klingeln in meinen Ohren anhören, mit aller Gewalt von mir wegzuschieben. Stattdessen versuche ich, öfter Pausen einzulegen, um nicht täglich an ein kleines Burnout heranzukommen. Das bemerke ich relativ schnell, wenn ich immer öfter am Abend keine Kraft mehr habe. Spontanität ist auch etwas, mit dem ich mich sehr lange schwergetan habe, weil ich vor gewissen Aktivitäten Vorlaufzeit brauche. Spontan die Tasche zu packen und an den See zu fahren, bedeutet für mich meistens Stress, weil ich mich nicht mental darauf vorbereiten konnte. (Hoch)sensible Menschen müssen dies nämlich, um zum Beispiel vor dem besagten Event eine Pause einzulegen oder den Tag so zu planen, dass im Anschluss darauf eine Ruhephase wartet.

Ein wichtiger Aspekt der Hochsensibilität ist auch das Thema Abgrenzung. Das ist etwas, was ich erst sehr spät verstanden habe. Hochsensibel zu sein, bedeutete für mich, sämtliche Energien wahrzunehmen, mir vieles zu eigen zu machen, was überhaupt nicht zu mir gehörte. Ich identifizierte mich mit all den äußeren

Einflüssen viel zu intensiv. Dies war Fluch und Segen zugleich und ich muss weiterhin lernen, mich abzugrenzen. Denn der Umstand, wie ich mit all den Informationen, Eindrücken und Wahrnehmungen umgehe, liegt immer noch in meiner Hand. Ich kann Dinge wahrnehmen, ohne sie bis ins Mark spüren zu müssen. Vielleicht ist auch gerade dies der Grund, warum Hochsensibilität überhaupt existiert. Vielleicht müssen diese Menschen und somit auch ich, lernen Grenzen zu ziehen, im Außen und vor allem bei sich selbst.

Das Leben ist eine Reise,

auf der du lernen musst,

nicht das zu tun,

was andere von dir erwarten,

nicht das, was man dir vorgelebt hat,

nicht das, was du glaubst, sein zu müssen.

Du musst nur die Person werden,

die du tief in deinem Inneren

immer schon gewesen bist.

Die Anderen

Der Tag, an dem ich bemerkte, dass ich gut genug bin, ist noch nicht allzu lange her. Eigentlich befand ich mich schon seit einer ganzen Weile in diesem Prozess. Alles begann mit einem Fehler, den ich mir eingestand und als „in Ordnung" verbuchte. Ich hatte vor einer Einfahrt geparkt, um schnell einen Brief einzuwerfen. Ein Mann, der neben mir parkte, schrie mich nahezu an, dass er ein Foto von meinem Auto machen würde und ich mich darauf einstellen könne, Post zu erhalten. Ein anderer Mann kam mir zu Hilfe und begann, mich zu verteidigen. Leider hat es ihn letztendlich verbal härter getroffen als mich. Ich konnte nichts sagen, ich wollte es auch nicht, weil ich wusste, dass ich einen Fehler gemacht hatte, und ich es leid war, mich zu rechtfertigen.

Mein ganzes Leben lang kämpfe ich schon mit Perfektionismus, dem Glauben, dass gut nicht gut genug ist, dass ich nicht gut genug bin. Auch in meinem Arbeitsleben traf ich eher Menschen, die mich dazu antrieben, besser zu werden, nicht meiner selbst Willen, sondern um ihre eigenen, verdrehten Ansprüche anderen überzustülpen. Viel zu viele Jahre habe ich dem nachgeeifert, habe versucht besser zu sein und oftmals vergessen den Moment, in dem ich einfach nur ich selbst bin, als „gut" anzuerkennen.

Für mich hat dieser Mann vor der Postfiliale meinen Glauben daran, „nicht gut genug sein", verkörpert. Er zwang mich dazu, mich der Herausforderung zu stellen und zu sehen, was mich da wirklich so aus der Fassung brachte. Es war die Scham. Ich habe in meinem Leben viel zu oft versucht, perfekt zu sein in der Annahme, mich dann nicht schämen zu müssen, mich nicht zeigen zu müssen, wie ich wirklich war. Damit ist ab heute Schluss. Ich bin ich. Auf der Arbeit. In der Öffentlichkeit. Bei Freunden. Bei Familienfesten. Im Alltag. Die Scham wird wahrscheinlich immer mein Begleiter sein, aber niemals mehr ein Hindernis, welches ich nicht überwinden kann.

Einige Wochen, nachdem ich diese Zeilen geschrieben hatte, widerfuhr mir tatsächlich das gleiche noch einmal. Dieselbe Postfiliale, ein anderer älterer Mann, dem meine Parkkünste nicht gefielen. Dieses Mal war ich allein und kein anderer übernahm die Antwort für mich. Ich entschied mich dazu, auch nicht mehr stumm zu bleiben. Ich stand endlich für mich ein. Das Lustige daran ist, dass ich eigentlich richtig geparkt habe, allerdings ein Stückchen über der Markierung war. Ich glaube, dass es ganz egal ist, was man tut.

Es werden dir immer wieder Menschen begegnen, die mit dem Finger auf dich zeigen und für deren Wut du der Katalysator bist.

Daher ist mir dieses Buch auch so wichtig. Ich möchte niemals so werden wie diese griesgrämigen, frustrierten und selbstsüchtigen Menschen, die Schwächere fertig machen, um sich selbst besser zu fühlen. Bevor wir andere für ihre Fehler verurteilen, sollten wir uns selbst die Frage stellen, ob wir besser sind? Vielleicht nicht in denselben Situationen oder nach außen gerichtet, aber dennoch lautet die Antwort auf diese Frage immer: NEIN! Diese beiden Situationen waren ein echtes Erfolgserlebnis für mich. Hatte ich beim ersten Mal noch darüber geweint und tagelang daran gedacht, war es jetzt, ohne eine Träne zu vergießen bereits nach einigen Minuten vergessen. Heute huscht mir bei diesen Zeilen nur noch ein Schmunzeln über die Lippen und die Gewissheit, dass ich trotz allem oder gerade deswegen gut genug bin.

(M)ein kleiner Apfelbaum

2021 war für viele von uns kein einfaches Jahr, aber sicher eines, dass wir nie vergessen werden.

Im Frühjahr diesen Jahres kaufte ich mir einen Zwergapfelbaum für meine kleine Terrasse, da ich die Natur und die Auswirkungen, die sie auf mich hat, schon als kleines Kind unglaublich faszinierend empfand. Und dieser kleine Apfelbaum sollte eine ganz besondere Symbolik für mich bereithalten.

Dieses Jahr zwang mich dazu, die Gedanken an die Zukunft fast gänzlich aufzugeben.

Ein Jahr, das für uns alle von der eigenen Handlungsunfähigkeit geprägt war, zwang mich dazu, nicht weiter als ein paar Wochen im Voraus zu planen. Ich war so sehr daran gewohnt, alles in der Zukunft zurechtzulegen, zu denken, zu sein, dass ich ganz vergessen hatte, wie schön es sein kann, nicht zu wissen, was passiert. Einerseits wollen wir wissen, wann unsere Wünsche und Hoffnungen in Erfüllung gehen – andererseits möchten wir das Unbehagliche vermeiden, was uns erwarten könnte. Die Polarität des Lebens regelt diese Gesetzmäßigkeiten von selbst. Wo Licht ist, ist auch Schatten. Diese Regel muss gelten, denn wie sehr würden wir uns engagieren, wenn wir wüssten, dass an einem bestimmten Punkt X dieser eine Wunsch in Erfüllung geht? Wir würden gänzlich aufhören, im jeweiligen Moment präsent zu sein. Und nur in unserem gegenwärtigen Zustand besitzen wir die Fähigkeit, das eigene Leben verantwortlich und selbstbestimmt gestalten zu können.

Ich kaufte mir diesen Apfelbaum, um es mir in meinem Zuhause so richtig schön und gemütlich zu machen. Ich hatte wohl beim Kauf des Baumes mehr Freude als in den Monaten danach. Die Zeit verging, die Tage rannten nur so an mir vorbei – ohne, dass ich mir oft die Zeit dafür genommen habe auf meiner Terrasse, geschweige denn in der Natur, zu sein. Mich packte das schlechte Gewissen, da es so viele Menschen gab, die besonders jetzt dankbar gewesen wären für ein Fleckchen, an dem sie draußen in Ruhe verweilen könnten. Dieses schlechte Gewissen ist übrigens völlig unangebracht. Die eigenen Gefühle haben immer ihre Berechtigung. Wenn man sich also sowieso schon schlecht fühlt, sollte man sich nicht noch zusätzlich niedermachen, weil es anderen schlechter geht. Das Leben ist schließlich kein Wettkampf, in dem man einen Preis für den schlimmstmöglichen Schmerz erhält. Denn auch mein schlechtes Gewissen änderte nichts daran, dass ich es einfach nicht konnte. In diesem Jahr vergaß ich viele meiner Routinen und Werte. Es gab zu viel Zeit am Handy, zu wenig Interaktionen mit der wahren Welt – es gab zu viel Arbeit und zu wenig Freizeit, dann gab es meine Buchprojekte, welche anfänglich nur Freizeit und jetzt auch Arbeit bedeuteten.

Es gab Erkenntnisse dieses Jahr, die mein ganzes Sein in Frage stellten. Alles, woran ich geglaubt hatte, wurde erschüttert. Aber draußen stand immer noch mein kleiner Apfelbaum, der trotz dem Sturm, der in mir tobte, weiter blühte. Dieses Jahr forderte mich in allen Belangen, allem voran meine Geduld, die Unsicherheiten, die in mir auskamen, weil ich mich nun der Welt so zeige, wie ich wirklich bin, bereit mich meiner eigenen Verletzlichkeit zu stellen.

Denn auch das ist ein Konflikt, der schon lange innerlich existierte: Mich der Welt zeigen zu wollen und gleichzeitig Angst davor zu haben, was passiert, wenn ich endlich ausspreche, was ich denke, und nicht mehr versuche, um jeden Preis angepasst zu sein. Auch dies ist mir mehr als jemals zuvor bewusst geworden. Ich war schon als Kind aufgeweckt, aktiv, lebensfroh und vielseitig interessiert. Dieses innere Kind in mir ist irgendwann verstummt. Die Erfahrungen meiner frühen Jugend, in denen ich extremem Mobbing ausgesetzt war, haben mich so zerbrechlich gemacht, dass ich mich überhaupt nicht mehr zeigen wollte. Danach hat sich wohl die Geschichte vom hässlichen Entlein wiederholt. Ich wurde endlich gesehen, wie ich sein wollte. Richtig, die Betonung liegt auf „wollte". Ich war zu diesem Zeitpunkt innerlich weit davon entfernt, auch wirklich so zu sein. Äußerlich war ich die aufgeweckte, manchmal vielleicht etwas zu vorlaute Frau, die endlich nicht nur für sich selbst, sondern auch für andere einstand. Innerlich war ich gebrochen und auf der niemals endenden Suche, die Leere in mir zu füllen.

Es hat viele Jahre gedauert, bis ich mich so authentisch fühlte, wie ich vorgab zu sein. Ich habe dieses Jahr gelernt, nein zu sagen, meine Grenzen da zu setzen, wo sie für andere vielleicht noch lange nicht erreicht sind. Diese Grenzen haben mich aber nicht daran gehindert, über mich selbst hinauszuwachsen. Ich habe gelernt, Dinge zu tun, vor denen ich Angst habe. Das bedeutete aber nicht, dass die Angst verschwunden war. Sie war in jeder Sekunde zu spüren. Ich habe gelernt, mich wirklich zu sehen ohne Maskerade, und ich habe mir selbst die Frage beantwortet, wer ich eigentlich sein möchte. Dazu gehörte auch, zuzugeben, dass ich nicht besser bin als irgendjemand sonst da draußen. Natürlich weiß man es insgeheim, dass man, sobald man sich besser fühlt als andere, weit entfernt davon ist wirklich „besser" zu sein.

Inzwischen war es Anfang September und an meinem Apfelbaum waren die ersten kleinen Äpfel zu sehen. All das, was dieses Jahr passierte, ließ mich vergessen, was ich mir so hart erarbeitet hatte: Einfach glücklich zu sein.

Man muss sich immer wieder erinnern, innezuhalten und zu warten, während man nichts anderes tut, als seine Blicke schweifen zu lassen.

Denn die Wahrheit ist:

Die Zeit rast nur dann, wenn du beschäftigt bist. In der Ruhe findet einen das Leben von allein.

Das Leben gleicht den Gezeiten,

doch was ist es, was dich leitet?

Wo fängt es an und wo hört es auf?

Alles verglüht in einem Atemzug –

Zeit steht oder vergeht wie im Flug.

Zeit bedeutet Zuversicht,

aber manchmal zeigt sie auch

das Gegenteil von Licht.

Zeit kann Schmerzen heilen,

aber auch bedeuten zu leiden.

Zeit kann Rettung bringen,

aber genauso verloren zu sein.

Zeit ist relativ

und doch alles, was uns jetzt bleibt.

Also atme ein – atme aus

und sei endlich frei.

Vertraust du dem Leben?

Viele Jahre in meinem Leben habe ich mich vor diesem Thema gesträubt. Vertrauen ist das Gegenteil von Kontrolle und die Kontrolle war ein fester Bestandteil meines Lebens. Beides kann nicht nebeneinander existieren. Wer vertraut, gibt die Kontrolle ab. Wenn wir über Vertrauen nachdenken, kommen uns sofort andere Menschen in den Sinn, denen wir nicht (mehr) vertrauen können. Um tiefes Vertrauen wahrhaftig spüren zu können, bedarf es aber keine anderen Menschen. Stell dir einmal vor, wahres Vertrauen würde bedeuten, auch aus den Ent-Täuschungen des Lebens Zuversicht schöpfen zu können. Eine Ent-Täuschung bedeutet lediglich, dass eine Täuschung als solche entlarvt wurde. Somit wäre das Durchleben dieses Prozesses ein wahrhaftiger Vertrauensbeweis vom Leben an dich.

Dem Leben kann nur derjenige vertrauen, der sich selbst vertraut und das kannst du sehr leicht erkennen, wenn es um das Thema Entscheidungen geht. Ich glaube, du kennst diese Situationen, in denen du einen ersten Impuls verspürst, dem du folgen möchtest. Bevor du dich überhaupt richtig auf den Weg machst, bemerkst du erste Anzeichen, die auf eine vermeintlich schlechte Entscheidung hindeuten. Diese Hindernisse erwecken in dir den Eindruck, dass es sich hierbei um schlechte Omen handelt. Ich habe mir dann immer selbst die Frage gestellt, ob dies ein Test vom Universum ist, es auch wirklich zu wollen oder ein Zeichen dafür, das Ganze lieber bleiben zu lassen. Es fängt bei

Kleinigkeiten an und zieht sich hin bis zu den großen Entscheidungen meines Lebens.

Wenn du dich aus dem Bauch heraus für eine Richtung entscheidest, bist du dir meistens bis zu genau jenem Augenblick sicher, an dem deine Gedanken wieder einsetzen. Dann dauert es nur einige Sekunden, bis das Gedankenkarussell loslegt und beginnt, alle Eventualitäten abzuwägen. Damit begibst du dich automatisch auf eine Ebene, auf der du sehr empfänglich für äußere Einflüsse bist. Die Frage, die du dir stellen musst, ist, welcher Teil in dir gerade diese Entscheidung trifft? Welche Gedanken kommen in dir auf und wo finden sie ihren Ursprung? Wenn man so will, kann man alles als Zeichen für oder gegen eine Sache bewerten. Je nachdem, wohin du deine Energie lenkst, bist du in der Lage, Zeichen zu erkennen, die dafür oder dagegen sprechen. Es liegt in deiner Hand, für welchen Weg du dich entscheidest und ob du bereit bist, diesen auch in letzter Konsequenz zu gehen. Ich glaube zwar an Impulse, die das Universum uns sendet, aber es liegt an mir, wie ich die Botschaften in meinem Leben deute. Ich habe mich dazu entschlossen, immer etwas Positives daraus zu ziehen. Du kannst aus dem Gedankenkarussell aussteigen und Entscheidungen treffen, die sich für dich richtig anfühlen. Wenn du eine Entscheidung getroffen hast, wird sich deine Energie automatisch bündeln und auf das konzentrieren können, was du möchtest. Triffst du allerdings keine Entscheidung, hängt deine Energie sozusagen in der Luft, bis du ihr die Richtung vorgibst. Eines meiner Lieblingszitate hierzu ist von Martin Walser und lautet: „Dem Gehenden schiebt sich der Weg unter die Füße."

Es kommt nur darauf an, wie sehr du hinter deiner eigenen Entscheidung stehst und somit dir selbst und dem Leben vertraust. An genau diesem Punkt wird deine Energie fließen und alles für dich in die Wege leiten.

Vertraue dem Universum.

Schließlich bist du ein Teil davon.

Die Antworten, die du dir wünschst,

liegen in dir.

Der Tod

Bist du auch gerade beim Lesen dieser Überschrift zusammengezuckt? Ich selbst hatte große Schwierigkeiten, diesem Thema ein Kapitel meines Buches zu widmen. Dieses Gefühl von Unbehagen ist für mich immer der Beweis dafür, dass ich einem Thema mehr Aufmerksamkeit schenken sollte. Das Bewusstsein über die Endlichkeit des Lebens ist eine Sache, um die man zwangsläufig nicht drum herumkommt. Warum schmerzt und fürchten wir diesen Gedanken so sehr? Es ist nicht nur die Angst vor dem Ungewissen und dem Verlust der Kontrolle. Es ist die Angst davor, sein Leben nicht nach seinen Wünschen gelebt zu haben und irgendwann auf ein Leben voller ungelebter Momente zurückzublicken.

Wir alle sind uns des Lebens so sicher, obwohl es in jeder Sekunde vorbei sein kann. Es geht nicht darum, den Tod auszuklammern, so als ob er nicht zu uns gehört. Er gehört nicht nur uns, er ist ein Teil von uns. Wir erheben uns über andere Lebewesen, werten deren Leben ab, ohne mit der Wimper zu zucken und sind schockiert, wenn wir die Nachrichten einschalten und es uns selbst hätte treffen können. Dann sind wir für einen kurzen Moment ehrfürchtig, bis wir wieder zu unseren Gewohnheiten zurückkehren.

Für mich persönlich ist der Tod sehr präsent, besonders seitdem ich mich mit meiner persönlichen Entwicklung befasse. So ist auch das Thema Geburtstag sehr wichtig für mich, da mein Geburtstag mich immer wieder daran erinnert, wie wertvoll mein Leben ist.

Im letzten Jahr war es so weit. Ich bin endlich dreißig geworden. Ja, du hast genau richtig gelesen:

E N D L I C H.

Ich habe der dreißig regelrecht entgegengefiebert.

Ich bin niemand, der zurück in die Vergangenheit will.

Ich bin niemand, der an vergangenen Momenten festhält. (zumindest nicht mehr). Ich schaue mir auch keine Fotos an und schwelge in Erinnerungen. Mich macht die Vergangenheit selten sentimental. Ich hänge auch nicht an gewissen Orten, Wohnungen, materiellen Dingen oder Personen, die nicht mehr zu meiner Gegenwart gehören. Ich glaube einfach so fest daran, dass alles so wie es ist, absolut richtig ist. Ich freue mich auf das, was das Leben bringt, auch wenn mich die Gegenwart oft umtreibt oder dazu zwingt, Vergangenes noch einmal hochzuholen, aber dann nur, um es aus anderen Blickwinkeln betrachten und schließlich verarbeiten zu können. Niemals, um der viel zu oft idealisierten Version von früher nachzutrauern.

Viele glauben, dass die frühere Version von sich selbst besser, schöner, schlanker, zufriedener war. Aber nicht nur die Vergangenheit war besser, sondern auch die Zukunft wird lebenswerter sein, wenn man endlich sein Ziel erreicht hat. Doch die Wahrheit ist, solange man den gegenwärtigen Moment nicht genießen kann, so wie er ist, wird man es auch in der Zukunft nicht zu Stande bringen. Der Mensch lebt in dem Trugschluss, in dem er glaubt, dass er endlich glücklich sein wird, wenn dieses oder jenes erst eingetreten ist. Dies glaubt man so lange, bis der Traum wahr geworden ist und man schmerzlich feststellen muss, dass man sich immer noch leer und nutzlos fühlt. Man hält sich mit seinen Gedanken gefangen in einem Käfig aus Wünschen, Vorstellungen und Illusionen.

Früher wurde mir immer wieder gepredigt, dass ich mir irgendwann die Schulbank zurückwünschen würde. Ich warte immer noch auf den Moment, in dem mich dieses Gefühl überkommen wird. Ich habe die Schule gehasst. Ich wurde gehänselt, durch Taten und Worte ausgeschlossen und gedemütigt. Ich habe damals schon nicht verstanden, warum es gewisse Unterrichtsfächer gibt und was sie uns vermitteln sollten. Ich wusste damals schon ganz genau, was ich nicht wollte, und mit dem Unterrichtsstoff, der mir nicht dienlich war, konnte ich nichts anfangen. Ich habe mich schon immer gefragt, wieso eine Generation, die im Unterricht geschlagen, getadelt und emotional misshandelt wurde, gerne dorthin zurück möchte. Von diesen Aussagen gibt es natürlich eine riesige Palette – alle negativ behaftet.

Eigentlich haben sie auch gar nichts mit dir zu tun, sondern lediglich mit denen, die dir dadurch ihre eigenen Gefühle überstülpen wollen. Dies ist übrigens bei sehr vielen Aussagen der Fall. Diese Worte verraten viel mehr über denjenigen, der sie sagt, als über denjenigen, an den sie gerichtet sind.

Ich persönlich möchte der Vergangenheit nicht nachhängen und auf ein verlorenes Leben zurückblicken, in dem ich viel zu oft nur daran gedacht habe, das zu tun, was mir wirklich Freude und Zufriedenheit im Leben schenkt, ohne es wirklich herbeigeführt zu haben.

Ich bin glücklich darüber, dreißig Jahre zu sein. Ich bin ehrlich demütig und dankbar, die dreißig erlebt zu haben, da es zu viele Menschen gibt, die nicht dreißig Jahre Zeit hatten, um Träume in Erfüllung gehen zu lassen.

Es fällt den Menschen schwer, so etwas zu hören, aber ich nehme dieses Gefühl ganz bewusst wahr und schätze es. Bevor ich einschlafe, denke ich sehr oft an den Tod. Man sagt, dass Einschlafen eine Art Vorbereitung auf den Tod sei, weil wir in diesen Momenten lernen müssen, die Kontrolle abzugeben, uns fallen zu lassen, ohne die Gewissheit, was passieren wird.

Der Tod gehört zum Leben dazu.

Er soll uns nicht

in Furcht und Schrecken

versetzen.

Der Tod soll uns daran erinnern,

zu leben.

Wie Wunden zu Wundern werden

Wir alle haben sogenannte wunde Punkte, sogar mehr davon, als wir uns vorstellen können. Jede Erfahrung ist in unserem Gedächtnis abgespeichert, in den Tiefen unseres Unterbewusstseins. Und ich meine damit wirklich jedes einzelne, noch so klitzekleine unbedeutende Ereignis. Mit jeder gemachten Erfahrung assoziieren wir positive wie negative Gefühle. Die negativen Assoziationen sind unsere wunden Punkte, die sogenannten „Trigger". Augenscheinlich ist für alle anderen Anwesenden gar nichts passiert, aber dieser eine Satz, manchmal ist es auch nur die Art, wie jemand spricht, riecht, sich kleidet, hat irgendetwas in uns ausgelöst. In diesem Moment wird eine ungeliebte Erfahrung aus den Tiefen unseres Unterbewusstseins an die Oberfläche befördert. Das ist dieser Moment, in dem wir nicht mehr klar denken können. Eine innere Wut, Trauer, Enttäuschung legt sich über uns, unsere Worte und unser Handeln und provoziert damit, dass sich unsere abgespeicherte Situation wiederholt. Unser Gegenüber versteht zu diesem Zeitpunkt wahrscheinlich nicht einmal was los ist. Kein Wunder – er oder sie hat auch nichts damit zu tun. Kompliziert wird es, wenn die Menschen, die unsere Wunden verursacht haben, immer wieder dieselben Trigger betätigen. So ist es zum Beispiel oft in Familien oder in Beziehungen der Fall. Ein wunder Punkt kann aus einem einzigen Ereignis heraus oder aus wiederholten Erlebnissen entstehen. Entscheidend ist, wie wir schlussendlich damit umgehen.

Du kannst deine wunden Punkte nicht alle heilen, da du von

manchen nicht einmal weißt, bevor sie dich in einem dunklen Augenblick überkommen. Manchmal besitzen deine wunden Punkte auch unterschiedliche Ausdrucksformen, um auf sich aufmerksam zu machen. Oftmals ist es ein- und dieselbe Wunde, die nur verschiedene Möglichkeiten sucht, um immer wieder erneut zu brennen. Nach einem Trigger-Erlebnis ist es wichtig, die Situation noch einmal in einem ruhigen Moment Revue passieren zu lassen. Nur wenn du der Sache auf den Grund gehst, kann es dir gelingen, die meisten deiner wunden Punkte zu erkennen und anzunehmen.

Wenn du dir deiner Trigger bewusst bist, kannst du dich und deine Liebsten schützen, indem du nach einem Konflikt den Sachverhalt erklärst und deine verletzliche Seite zeigst. Dies ist keine Schwäche, eher liegt die wohl größte Stärke darin, die eigenen verletzlichen Seiten genauso zu lieben und offenzulegen, wie die vermeintlichen Stärken. Das bedeutet allerdings nicht, dass du dich auf deinen schlechten Erfahrungen ausruhen kannst, um mit der Devise „so bin ich eben" genauso weitermachen zu können. Es geht darum miteinander zu reden, sich zu entschuldigen, wenn man aus dem inneren Schmerz heraus zu Unrecht gehandelt hat und den anderen an seinem Innenleben teilhaben zu lassen.

Jede Situation, die in dir etwas auslöst, ist auch eine Chance, alte Erfahrungen neu aufzuladen. Du kannst ähnliche Situationen anders erleben, indem du deine Sichtweise und somit dein Handeln änderst. Damit wird es möglich in einer ähnlichen

Ausgangsposition zu positiveren Ergebnissen zu kommen. Diese werden dann ebenfalls in deinem Gehirn verankert. Je öfter du das tust, desto weniger empfindlich reagierst du. Das funktioniert allerdings nur dann, wenn du dich nach einem Trigger-Erlebnis deiner unschönen Vorerfahrung bewusst geworden bist. Es wird dir mit der Zeit leichter fallen, zu erkennen, wann du nicht aus der eigentlichen Situation heraus handelst, sondern dein getriggertes Ich agiert. Wenn du um deine wunden Punkte weißt, bist du in der Lage, dem entgegenzuwirken. Zur Verdeutlichung möchte ich dich an einem Auszug meiner Krankenakte teilhaben lassen. Mir wurde vor über neun Jahren der Blinddarm entfernt. Wie so oft in meinem Leben wollte auch diese Wunde nicht so recht heilen. Nach der Operation reagierte mein Körper allergisch auf die Fäden im Inneren, sodass mir ambulant noch zwei weitere Male ein immer größer werdendes, entzündetes Stück Gewebe entfernt werden musste. In dieser Zeit musste ich mit einem Loch in der Bauchdecke leben. In die Wunde wurden Tamponaden gelegt, damit diese ganz ausgefüllt war. Jede Woche wurden weniger Tamponaden benötigt und die Wunde erholte sich von innen heraus. Mein Arzt erklärte mir damals, dass dies die einzige Möglichkeit wäre, da sich ansonsten zwar oberflächlich eine Hautschicht bilden würde, aber das Loch im Inneren bleiben und nie richtig heilen könnte.

Ich werde mir selbst immer mehr bewusst darüber, was mein Körper mir die ganzen Jahre mitteilen wollte. Manchmal sitzt die Wunde so tief, dass es nicht ausreicht sie oberflächlich zu behandeln. Sie möchte von innen heraus heilen, damit sie und somit ich selbst wirklich gesund werden können. Wir müssen lernen, in Metaphern zu denken und das Leben zu verstehen.

Es könnte passieren,

dass deine wunden Punkte

irgendwann deine größten Wunder

hervorbringen.

Ein schöner Ausblick

In diesem Buch habe ich all das, was ich zu wissen glaube, vereint.

Viele Fragen haben mich in den letzten Jahren, Monaten und Wochen beschäftigt.

Mein Vater ist schwer erkrankt. Ein Mann, der mich vieles im Leben lehrte, der mir vorlebte, wie kostbar das Leben, die Natur und der friedvolle Umgang mit all dem ist. Ein Mann, der jeden Tag nur ein Stück Schokolade isst oder bei schlechtem Wetter zumindest die Treppe rauf und runter läuft – der Gesundheit wegen. Ein Mann, der meditiert, liest, malt, stundenlang draußen an seiner Feuerstelle sitzt und einfach glücklich ist, zu leben. Auch meinen Papa plagten die vielen Fragen nach dem, was er falsch gemacht hat, was er hätte anders machen können, warum gerade er mit einer Krankheit zu kämpfen hat, die ihm niemals in den Sinn gekommen wäre. Vielleicht werde ich manche Antworten niemals erfahren. Ein Mensch zeigt dir auch immer nur das, was er von sich selbst preisgeben möchte. Was hinter seiner Fassade verborgen ist, weiß nur er selbst. Wir sind zum jetzigen Zeitpunkt nicht in der Lage, alle Zusammenhänge zu erkennen. Die Krankheit meines Vaters ist eines von vielen Mysterien, die ich noch nicht wirklich entschlüsseln konnte. Ich habe nur verstanden, dass es immer einen Zusammenhang gibt, einen höheren Kontext. Es ist ganz entgegengesetzt der Denkweise, dass man allein nichts bewirken kann und ein Einzelner nichts ändert – ich glaube, dass eine einzelne Person alles ändern kann, dass unsere Macht noch im Verborgenen liegt, aber sich seine Wege sucht endlich gesehen und gehört zu werden.

Fünf Monate nach der Diagnose ist mein Papa verstorben. Vor drei Jahren wäre ich an diesem Verlust zu Grunde gegangen. Heute weiß ich, dass mein Papa immer noch hier ist, nicht mehr in seinem physischen Körper, aber an einem Ort, den wir noch nicht in der Lage sind zu erkennen. Ich wusste, dass mein Papa sterben würde. Ich habe ihn deshalb damals gebeten, mir ein bestimmtes Zeichen zu schicken, damit ich weiß, dass er noch hier ist. Mein Papa antwortete gewohnt trocken und humorvoll, dass das so nicht funktionieren wird. Man könne kein Zeichen vereinbaren, sondern man bräuchte etwas Spielraum. Schnell war klar, dass es irgendetwas aus der Natur sein sollte, weil uns diese immer schon verbunden hatte. Damit war er einverstanden. Es dauerte einige Wochen nach seinem Tod, bis ich auf meiner Terrasse eine graue Feder entdeckte. Bei ihrem Anblick wusste ich einfach, dass es *das* Zeichen war. Danach lag eine Feder vor meiner Haustür, auf etlichen meiner Spazierwege, im Treppenhaus meiner Arbeitsstelle, sogar an meinem Rollladen hängt immer noch eine Feder. Im Schwimmbad trieb eine Feder neben mir im Wasser. Und erst neulich versteckte sich eine im Heu für unseren Hasen. Alle Federn hatten die gleiche Farbe: Grauweiß.

Und wenn ich schreibe, dass ich weiß, dass mein Papa immer noch hier ist, ohne ihn sehen zu können, bedeutet das nicht, dass ich nicht trauere. Ich spüre seit dem Beginn der Krankheit und fast vier Monate nach seinem Tod immer noch unendliche

Traurigkeit in mir. Seit einigen Monaten habe ich auch wieder chronische Schmerzen, allerdings genau an jenen Stellen, die meinem Papa während seiner Krankheit unerträgliche Schmerzen bereitet haben. Mein Körper spricht erneut so deutlich zu mir, dass ich es immer noch teilweise nicht akzeptieren kann. Ich bin an einem Punkt angelangt, an dem ich nicht mehr weiterwusste, mich unzulänglich fühlte diesen Schmerz nicht erneut auflösen zu können, obwohl ich doch die Parallelen erkannte. Ich habe mich an jemanden gewandt, der meinen Glauben an all das, was möglich ist, auf der körperlichen Komponente miteinbezieht. Ich habe zum ersten Mal einem fremden Menschen gesagt, dass ich es allein nicht schaffe und seine Hilfe brauche. Das klingt so banal und doch ist es für mich ein Befreiungsschlag gewesen und der Ausdruck meiner Akzeptanz darüber, was gewesen ist. Aber noch viel wichtiger ist, dass ich in der Nacht zuvor um Hilfe gebeten habe und ich keine Vorstellung davon hatte, wie mir diese Hilfe zu Teil werden könnte. Den Tag darauf erhielt ich dann die Kontaktdaten, ganz unverhofft. Das Universum ist immer bei dir, wenn du bereit bist, die Kontrolle loszulassen und dich ganz hinzugeben. Wir sind nicht dazu erschaffen worden, alles im Alleingang zu bewerkstelligen. Auch, wenn wir selbst viel bewirken können, ist es viel heilsamer, um Unterstützung zu bitten, und zwar ganzheitlich, ohne Abstriche. Jemanden an die Hand zu nehmen ist heilsam, das tue ich sehr oft, aber selbst an die Hand genommen zu werden, ist manchmal das Einzige, was es braucht, um wieder auf die Beine zu kommen.

All das, was du tust, ist nur ein weiterer Versuch, die Kontrolle zu

erlangen. Diese Kontrolle wird dich aber niemals befreien können. Aber die Liebe kann es, wann immer du bereit bist, sie zu
wählen. Und Liebe bedeutet nun einmal, Verletzlichkeit zuzulas-
sen.

Daher möchte ich dir hier noch einmal ganz deutlich sagen, wie
unsagbar wichtig es ist, über die eigenen Gedanken und Gefühle
zu sprechen, sich nicht nur selbst Gehör zu schenken, sondern
auch andere an seinem Leid teilhaben zu lassen. Verletzlichkeit
muss geteilt werden, damit sie geheilt werden kann.

In den letzten Jahren hatte ich unsagbar viele Schuldgefühle, ich
selbst zu sein. Ich habe mir meine eigene Wahrheit erschaffen,
die von der Überzeugung geprägt war, es nicht anders verdient
zu haben – ungenügend und nicht liebenswert als Mensch zu
sein. Schuld ist eines der mächtigsten Gefühle überhaupt. Es
wäre mehr als verwerflich zu glauben, dass unser Körper getrennt von unseren Emotionen existiert. Als gäbe es auf der einen
Seite unseren Körper und auf der anderen Seite unsere Gefühls-
und Gedankenwelt, die wir geißeln, foltern und quälen können.
Dann sind wir verwundert, dass unser Körper nach Hilfe schreit,
uns zwingt genauer hinzuhören. Es ist doch so, dass erst unser
Geist, unsere Seele dem Körper Leben einhaucht. Nicht umgekehrt.

Das Leben gleicht einem Bootcamp.
Ziel ist es nicht, dass du daran zugrunde gehst. Das Leben würde dir niemals zu viel zumuten. Es gibt dir

lediglich die Herausforderungen, die du auch bewerkstelligen kannst.

Nachdem du nun am Ende dieses Buches angekommen bist, wünsche ich dir, dass du in deinem Leben viele kleine und große, aufregende und ruhige, liebevolle und lustige Glücksmomente erlebst. Ich wünsche dir, dass du auch in stürmischen und schweren Zeiten den Mut nicht verlierst. Ich wünsche dir, dass es dir gelingt, den Blick immer wieder auf das Positive zu richten und jeden Augenblick, in dem du glücklich bist, zu genießen. Ich wünsche dir, dass du nie vergisst, wo das Glück überall zu finden ist, und das Glück immer da ist, wenn du es nur sehen willst. Ich wünsche dir, dass auch deine Wunden zu Wundern werden.

Danksagung

Zuerst möchte ich meinen Eltern danken. Ihr habt mir alles gegeben, was ich gebraucht habe, vor allem Liebe. Ich liebe euch unendlich.

Ich danke meiner Schwester Katharina. Wir könnten unterschiedlicher nicht sein und gerade deshalb kann ich noch so viel von dir über mich lernen. Ich liebe dich.

Ich danke meiner großen Liebe, Mario. Du hast all meine Krisen mit mir gemeistert und mir gezeigt, dass schwierige Zeiten die Liebe nicht schmälern, sondern weiterwachsen lassen.

Man sagt, dass gute Freunde selten zu finden sind. In meinem Leben ist das Gegenteil der Fall. Ich danke Sarah, Jenny B, Jenny J., Julia S., Jacqueline, Julia M., Elena und Justyna. Ihr seid großartige Frauen, Mütter, Töchter, Partnerinnen, Schwestern, Tanten und die besten Freundinnen, die man sich nur wünschen kann!

Ich danke meiner Lektorin, Tanja, die das Buch zu dem gemacht hat, was es ist. Ohne dich hätte ich es nicht geschafft.

Für das wundervolle Cover danke ich der lieben Sophie. Die Welt braucht deine Kunst!

Für alle, die sich durch dieses Buch getriggert fühlen: Habe ich mein Ziel verfehlt ODER genau ins Schwarze getroffen?

Du entscheidest. IMMER!